GESTÃO HUMANA PARA O SÉCULO XXI

GESTÃO HUMANA PARA O SÉCULO XXI

PETER QUADROS SEIFFERT

QUALITYMARK

Copyright© 2005 by Peter Quadros Seiffert

Todos os direitos desta edição reservados à Qualitymark Editora Ltda.
É proibida a duplicação ou reprodução deste volume, ou parte do mesmo,
sob qualquer meio, sem autorização expressa da Editora.

Direção Editorial SAIDUL RAHMAN MAHOMED editor@qualitymark.com.br	Produção Editorial EQUIPE QUALITYMARK
Capa WILSON COTRIM	Editoração Eletrônica ANTHARES COMPOSIÇÃO GRÁFICA LTDA.

CIP-Brasil. Catalogação-na-fonte
Sindicato Nacional dos Editores de Livros, RJ

S46g
    Seiffert, Peter Quadros
        Gestão humana para o Século XXI : um ensaio na EMBRAER S.A. / Peter Quadros Seiffert. — Rio de Janeiro : Qualitymark, 2005.

    Inclui bibliografia
    ISBN 85-7303-534-X

        1. EMBRAER – Administração de pessoal. 2. Administração de pessoal – Estudo de casos.
    I. Título.

04-2975   CDD 658.3
                                                                                                              CDU 658.3

2005
IMPRESSO NO BRASIL

Qualitymark Editora Ltda. Rua Teixeira Júnior, 441 São Cristóvão 20921-400 – Rio de Janeiro – RJ Tel.: (0XX21) 3860-8422	Fax: (0XX21) 3860-8424 www.qualitymark.com.br E-Mail: quality@qualitymark.com.br QualityPhone: 0800-263311

Dedicatória

Dedico este livro aos meus pais Nelson e Raquel.

E à minha esposa Mari.

AGRADECIMENTOS

À Embraer S.A., especialmente a Ulrico Barini e a João Roncatti, executivos de recursos humanos em 2001, que me apoiaram significativamente na realização da pesquisa de doutorado que deu origem a este livro.

Aos especialistas em desenvolvimento organizacional, recursos humanos e planejamento estratégico da Embraer que participaram da avaliação crítica do modelo proposto, oferecendo valorosas sugestões.

Ao professor Ph.D. José Francisco Salm, orientador de minha tese de doutorado, realizada na Universidade Federal de Santa Catarina. E, por conseqüência, a esta Universidade.

E a Fábio Andreas Richter, pelo precioso apoio à formatação e adequação de minha tese de doutorado em livro.

Prefácio

O modelo de gestão humana aqui apresentado foi configurado para operar em empresas intensivas em capital intelectual, principalmente porque nestas o argumento de que os seres humanos são fundamentais na geração de valor ou riqueza é mais óbvio e perceptível. Nesse tipo de organização, é fácil entender como o comprometimento e o engajamento das pessoas fazem diferença decisiva no sucesso ou no fracasso desta.

Com o fortalecimento do setor de serviços e a própria tendência de configuração do trabalho no sistema econômico, no sentido de ampliar o conteúdo de inteligência e valor agregado, fica evidente a importância de se ter um modelo de gestão humana para tal contexto.

Esta abordagem de inovação na gestão humana pode acabar fomentando a seguinte pergunta: Por que não aplicar tal modelo em outros tipos de organização? Não fará o ser humano diferença decisiva em performance também em outras organizações para merecer uma relação e conseqüente sistema de gestão, que se preocupem mais com seu comprometimento? Que o valorize mais, preocupando-se em tratá-lo de forma única e diferenciada? De forma mais humana, digna e grata com seu empenho de vida?

Será que somente os trabalhadores das empresas intensivas em capital intelectual merecem esta abordagem ou modelo?

Acredito que este modelo também possa ser aplicado com sucesso em outros contextos, porque valorizar, respeitar e comprometer as pessoas também geram resultados significativos para uma organização que produz *commodities*, pois por trás de toda lógica de produção existem pessoas com capacidade de sentir e pensar e tal capacidade sempre afeta a produtividade. Assim, em ambientes competitivos, o time que for mais bem gerido em suas competências, contando inclusive com profissionais comprometidos, tem mais chances de sucesso e performance do que seus adversários.

Esta crença fica ainda mais fortalecida, considerando ainda que no modelo apresentado os seus elementos são os componentes mais fixos, e os sistemas e as práticas de gestão humana mais flexíveis e adaptados a cada contexto. E também que os princípios explicitados do modelo tendem a ser de ampla adoção.

Assim, além de propor um modelo de gestão humana para empresas intensivas em capital intelectual, este livro convida o leitor a testar e a aplicar o modelo também em outros contextos. E quem sabe contribuir para uma nova fase da gestão humana no mundo, a que passa a se preocupar com o comprometimento dos seres humanos, contribuindo, assim, para uma sociedade mais satisfeita, mais realizada com o trabalho e feliz.

Peter Quadros Seiffert, P.Dr.

Apresentação

Este livro apresenta um novo Modelo de Gestão Humana para empresas intensivas em capital intelectual, concebido cientificamente a partir das principais inovações teóricas e práticas de gestão humana na última década e testado na Embraer S.A.

Embora se trate de um modelo desenhado para empresas intensivas em capital intelectual, principalmente no que se refere às práticas e aos sistemas propostos, também pode ser aplicado e testado em caráter geral em outros contextos organizacionais, desde que respeitada a adaptação de tais sistemas e práticas.

O primeiro capítulo apresenta o histórico das fases da administração de recursos humanos e os conceitos de capital intelectual contextualizando o modelo. O segundo apresenta as características gerais do modelo. O terceiro, a sua operacionalização através de sistemas e práticas. O quarto apresenta, em caráter inédito, o ciclo MASE de liderança que pretende ser uma ferramenta tão útil para a liderança quanto foi o ciclo PDCA para o gerenciamento de processos. O quinto capítulo discute os aspectos táticos do modelo, como seu processo de implantação, princípios e formas de integração com planejamento estratégico e desenvolvimento organizacional. O sexto capítulo caracteriza a Embraer S.A., enquanto o sétimo apresenta seus principais sistemas e práticas. O oitavo testa a aplicação do modelo na gestão humana desta empresa, como referencial para propor melhorias nesta área, e é apresentada a opinião dos especialistas da Embraer sobre o modelo. O nono conclui o livro.

Procurando integrar as principais tendências teóricas e práticas, em um modelo integrado, sinérgico e abrangente, o modelo propõe facilitar o debate sobre a necessária e potencial aplicação de uma nova abordagem de gestão dos seres humanos, razão pela qual foi batizado de Modelo de Gestão Humana.

Este livro será útil para o seguinte público:

- presidentes, executivos e líderes de organizações intensivas em capital humano;
- presidentes e líderes de organizações que percebem a gestão humana como fonte de vantagem competitiva;
- executivos de recursos humanos;
- consultores;
- professores da área;
- estudantes de Pós-graduação de Recursos Humanos;
- estudantes de Administração e Psicologia Organizacional;
- demais interessados no tema em geral.

Sumário

1 Gestão Humana e Capital Intelectual 1
    1.1 A evolução das formas de gerenciamento humano 1
    1.2 Gestão Humana: uma nova fase em formação? 7
    1.3 O Capital Intelectual 10
    1.4 Resumo 15

2 O Modelo de Gestão Humana 17
    2.1 O modelo no sentido amplo 20
    2.2 Competência, o conceito integrador 22
    2.3 Conceitos do modelo 25
    2.4 Resumo 29

3 Operacionalizando o Modelo de Gestão Humana 31
    3.1 Direcionar competências 31
    3.2 Prover competências 35
    3.3 Aplicar competências 37
    3.4 Compensar competências 40
    3.5 Desenvolver competências 42
    3.6 Gerenciar desempenho de competências 44
    3.7 Monitorar competências 45
    3.8 Comprometer competências 46
    3.9 Liderar competências 52
    3.10 Resumo 55

4 O Ciclo MASE de Liderança 57
    4.1 A liderança como processo 57
    4.2 O ciclo MASE de liderança 58
    4.3 Resumo 62

5 Aspectos Táticos e Estratégicos no Modelo 63
    5.1 O indivíduo no modelo 63
    5.2 Princípios 64
    5.3 Os papéis da área de gestão humana 66
    5.4 O método de implantação do modelo 69
    5.5 Integrando desenvolvimento organizacional 74
    5.6 Aspectos complementares do modelo: Desenvolvimento Organizacional, Planejamento Estratégico, papéis da área de GH e indicadores 77
    5.7 Resumo 79

6 EMBRAER S.A.: Uma Empresa Intensiva em Capital Intelectual Humano ... 83
    6.1 Embraer: surgimento e evolução 83
    6.2 A Embraer e sua estrutura organizacional 85
    6.3 A área de recursos humanos 87
        6.3.1 Consultoria Interna: Recursos Humanos Avançados 88
        6.3.2 Indicadores relacionados aos sistemas e práticas de recursos humanos 89
    6.4 O plano e o programa de ação 94
    6.5 Resumo 94

7 Gestão Humana na EMBRAER: Sistemas e Práticas 97
    7.1 A política de remuneração 98
    7.2 Recrutamento e seleção 104
    7.3 Desenvolvimento de lideranças 106
    7.4 Sistema de Educação, Treinamento e Desenvolvimento (ET&D) 110
    7.5 O Programa Boa Idéia 114
    7.6 Resumo 116

8 O Modelo na Prática 119
    8.1 Visão sistêmica 119
    8.2 Conceito de competência 122
    8.3 Os papéis 123
    8.4 Direcionar competências 126
    8.5 Prover competências 126
    8.6 Aplicar competências 126
    8.7 Compensar competências 128
    8.8 Desenvolver competências 128
    8.9 Gerenciar competências 129
    8.10 Monitorar competências 130
    8.11 Comprometer competências 130
    8.12 Liderar competências 131
    8.13 Indivíduo 133

8.14 Reestruturação da área de RH 133
8.15 Avaliando o modelo 136
    8.15.1 Sistemática de avaliação 136
    8.15.2 Avaliação do modelo pela Embraer 137
8.16 Resumo 139

9 CONCLUSÕES 143

BIBLIOGRAFIA 147

Capítulo 1

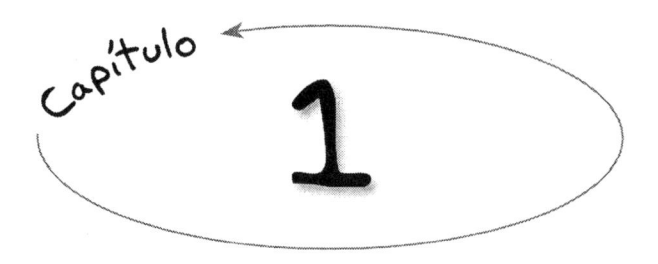

GESTÃO HUMANA E CAPITAL INTELECTUAL

A relação entre Gestão Humana e Capital Intelectual representa o elemento fundamental do modelo desenvolvido neste livro, e é de grande importância entender seus conceitos para compreender suas implicações. Nessa perspectiva, o presente capítulo procura sintetizar os estudos acadêmicos e empresariais desenvolvidos sobre Gestão Humana e Capital Intelectual.

Os conceitos apresentados neste capítulo servem não só de fundamento para o modelo de Gestão Humana para Empresas Intensivas em Capital Intelectual Humano proposto neste livro, como são, também, uma pré-condição para entender e, conseqüentemente, lidar com as empresas da era do conhecimento.

A Gestão Humana é o resultado da busca de uma atuação organizada frente às questões que afetam a atuação do ser humano nas organizações. Esta busca assumiu muitos aspectos, e é conveniente para seu melhor entendimento resgatar a evolução histórica de seus conceitos, bem como apresentar seu atual formato ou tendência.

1.1 A evolução das formas de gerenciamento humano

O início exato da gestão de pessoas como preocupação específica da ação administrativa é incerto e, provavelmente, deve ter ocorrido junto com o surgimento da vida humana em comunidades. Durante um grande período da história, que foi até o advento da Revolução Industrial, a maioria do trabalho produtivo era executada em pequenos grupos, havendo pouca necessidade de um estudo formal da administração de pessoal[1].

Com o desenvolvimento da revolução industrial e o surgimento de diversos problemas humanos relacionados, foi criado no final do século XVIII o posto de secretário do bem-estar. Sua função era a de ajudar empregados com problemas pessoais relacionados à instrução, à habitação, a necessidades médicas, além de procurar melhorar as suas condições de trabalho. O secretário do bem-estar também surgiu como forma de amenizar ou neutralizar os fatores que fomentavam a formação dos sindicatos[2].

Apesar da iniciativa, o surgimento do órgão de gerenciamento humano ocorreu somente no início do século XX, mais precisamente na década de 20. O desenvolvimento e a estruturação sistemática das organizações, além das iniciativas dos trabalhadores na formação de sindicatos, aumentaram a necessidade da criação de um órgão especializado em gestão de pessoas. As atividades iniciais desse novo órgão estavam, pesadamente, voltadas para os programas paternalistas de bem-estar social, numa tentativa de contra-arrestar a hostilidade sindical. O controle de pessoal, a administração salarial, o recrutamento e o início das atividades de formação sistemática de pessoal caracterizavam também este período inicial do gerenciamento humano[3].

Nesta etapa, era marcante a influência das idéias racionalistas do taylorismo, o fator humano era encarado como um fator a mais na combinação de elementos que resultavam na produção das mercadorias e serviços[4]. A Administração Científica, que era a denominação do movimento do qual o taylorismo fazia parte e se tornou destaque, tinha as seguintes proposições como características diretamente ligadas à gestão do ser humano[5]:

- existência do *Homo Economicus* – ser humano eminentemente racional que, ao decidir, conhece todas as possibilidades de ação e suas conseqüências. Suas escolhas se pautam por valores econômicos, pela busca do lucro;
- produção-padrão – a função de um administrador é determinar a forma certa de execução do trabalho. Essa busca ocorre pelo fracionamento das etapas do trabalho, seguida de seu estudo e da padronização de seus movimentos;

---

[1] Werther (1983).
[2] Werther, (1983).
[3] Toledo (1989).
[4] Toledo (1989).
[5] Motta (1982).

- incentivo monetário – era o instrumento usado na busca do alcance dos padrões de produção.

A etapa seguinte na evolução do gerenciamento humano resultou da influência do pensamento filosófico existencialista e dos estudos da Sociologia do Trabalho, marcadamente das pesquisas na fábrica da *Western Electric* em Hawthorne, Chicago[6]. Os estudos de Hawthorne demonstraram que as metas de eficiência da administração científica (taylorista) tinham de ser equilibradas por considerações das necessidades humanas[7]. Esta etapa insere-se no que se convencionou chamar de "movimento das relações humanas", a escola da teoria administrativa que sucedeu ao movimento de administração científica taylorista. O movimento das relações humanas tinha como idéias centrais ligadas ao gerenciamento humano[8]:

- existência do *Homo Social* – ser cujo comportamento não pode ser reduzido a esquemas simples e mecanizados. Ele é condicionado pelo sistema social e demandas biológicas. Possui necessidades de segurança, afeto, aprovação social, prestígio e auto-realização;
- grupo informal – são indivíduos que em pequenos grupos se interagem de forma direta e freqüente. É importante entender e trabalhar tais grupos;
- participação nas decisões – as pessoas devem ter conhecimento dos fins das tarefas em que se envolvem, além de participarem da decisão que origina tais tarefas. O controle das tarefas se daria por resultados e não por supervisão cerrada. Amplitude da participação varia de acordo com as situações e os padrões de liderança adotados.

As idéias centrais do movimento das Relações Humanas criticavam o modelo de *homo economicus* adotado pela administração científica, sugerindo para substituí-lo o modelo do *homo social*. A partir desta fase, temas como comunicação, motivação, liderança e tipos de supervisão passaram a ser também discutidos e considerados no gerenciamento humano[9].

Outro movimento significativo na evolução do gerenciamento humano foi o das relações industriais. Ele caracterizou-se por mudanças na estrutura do órgão gestor de pessoas, que evolui de simples seção para departamento,

---

[6] Toledo (1989).
[7] Werther (1983).
[8] Motta (1982).
[9] Gil (1994).

alterando sua estrutura e o perfil de seus gestores. O movimento das relações industriais tinha as seguintes ênfases[10]:

- criação de unidades dentro das organizações encarregadas de centralizar as operações relacionadas ao gerenciamento humano;
- unidades deveriam acompanhar as interações entre os diversos atores sociais presentes ou influentes no mundo do trabalho nas esferas interna (chão de fábrica), local ou setorial, nacional e regional.

Também passou a ocorrer uma preocupação com as condições de trabalho, concessão de benefícios e negociações sindicais. Esse aumento de complexidade ocorreu principalmente a partir da década de 1950 e cabe considerar, entretanto, que essas mudanças na administração de pessoal ocorreram em virtude do fortalecimento das organizações sindicais[11] e outras organizações sociais.

A etapa mais recente do gerenciamento humano foi o desenvolvimento do termo Administração de Recursos Humanos, em meados da década de 1960. Seu aparecimento deve-se à introdução de conceitos originários da teoria geral dos sistemas à gestão de pessoal[12].

A administração sistêmica de recursos humanos apresenta as seguintes características[13]:

- interdependência das partes – o todo se caracteriza por um conjunto de subsistemas que se relacionam intimamente;
- ênfase no processo – em virtude desta premissa, ocorre a mudança constante da organização;
- probabilismo – não há uma certeza absoluta, e sim probabilidade de algo ser ou acontecer;
- multidisciplinaridade – há uma utilização dos diversos campos do conhecimento, com equipes de gestão de recursos humanos compostas por profissionais com formações diversas;
- concepção multicausal – os fenômenos organizacionais são analisados como decorrentes de múltiplas causas e não de uma única;
- caráter descritivo – nas organizações tradicionais existe a preocupação em definir o que deve ser feito; já nas sistêmicas busca-se

---

[10] Dardeau (2003)).
[11] Gil (1994).
[12] Gil (1994).
[13] Gil (1994).

> primeiramente compreender os fenômenos, deixando a cargo dos agentes envolvidos a forma de como abordá-los;
> - caráter multimotivacional – segundo a escola sistêmica, os atos do ser humano são motivados por variadas necessidades, cuja satisfação deve, de alguma forma, também ser contemplada no ambiente organizacional;
> - participação – no processo de tomada de decisão, deve haver a participação dos componentes dos demais subsistemas da organização;
> - abertura – a organização sistêmica deve ser aberta e se adaptar às mudanças de seu meio ambiente;
> - ênfase nos papéis – os integrantes das organizações sistêmicas exercem papéis, cuja finalidade deve ser permanentemente informada com base nas expectativas relacionadas à organização, a colegas de trabalho e a clientes.

A partir da década de 1990, um aprimoramento da fase da administração humana se inicia[14], baseada no aprimoramento da gestão por processos e aprimoramento da abordagem sistêmica. A administração de recursos humanos passou a sofrer influência das mudanças socioeconômicas que têm como corolário estabelecer que o conhecimento possa ser percebido como nova fonte de riqueza[15], mas ainda não soube como tratá-lo efetivamente na administração de recursos humanos. O positivo é uma evolução da administração de recursos humanos.

É possível apontar as principais mudanças que ocorreram no paradigma anterior da mesma administração da década de 1960, que tinha, grosso modo, a lógica do ambiente fabril como sua principal norteadora. A Tabela 1.1 a seguir ilustra quais são as características da administração de Recursos Humanos da década de 1990.

Em um refinamento da abordagem de sistemas, a administração de recursos humanos passa a ser entendida como subsistemas inter-relacionados, os quais formam um processo dinâmico através do qual os seres humanos são captados, atraídos, aplicados em suas tarefas, mantidos, desenvolvidos e monitorados pela organização[16].

---

[14] Segundo Chiavenato (1997).
[15] Chiavenato (1996).
[16] Chiavenato (1997).

Tabela 1.1
As Novas Características da Administração de Recursos Humanos

Antes – origem década de 1960	Atual – década de 1990 em diante
Concentração na função exercida	Concentração no *core business* da área
Especialização das funções	Gerenciamento de processos
Vários níveis hierárquicos	Enxugamento e *downsizing*
Introversão e isolamento	*Benchmarking* e extroversão
Rotina operacional e burocrática	Consultoria e visão estratégica
Preservação da cultura organizacional	Inovação e mudança cultural
Ênfase nos meios e procedimentos	Ênfase nos objetivos e resultados
Busca da eficiência interna	Busca da eficácia organizacional
Visão voltada para o presente e passado	Visão voltada para o futuro e para o destino

Fonte: Adaptado de CHIAVENATO (1996).

Os subsistemas se manifestam na forma de processos[17], assumindo os seguintes formatos[18]:

- subsistema de provisão – nele, ocorre o processo de provisão de Recursos Humanos, que se responsabiliza pela busca de pessoas necessárias à organização, bem como sua introdução na organização;
- subsistema de aplicação – caracteriza-se pelo processo que cuida do posicionamento das pessoas dentro da organização, procurando atribuir a elas funções e cargos;
- subsistema de manutenção – constitui-se pelo processo que procura cuidar dos elementos presentes no ambiente da empresa, que são responsáveis pela permanência das pessoas na empresa, como salários, benefícios, higiene, segurança e relações trabalhistas;
- subsistema de desenvolvimento – através do processo de desenvolvimento, cuida da melhoria das qualificações individuais e grupais, das pessoas dentro da organização;
- subsistema de controle – abrange o processo de cuidado dos registros de informações, relativas aos recursos humanos da organização, incluindo registros legais e gerenciais.

---

[17] Como processo, entende-se uma dinâmica específica que possui seus objetivos, sendo constituída por uma série de atividades que têm um início e um fim (Chiavenato, 1996).
[18] Chiavenato (1996).

Apesar do refinamento desta fase a partir do melhor do entendimento da teoria dos sistemas e do gerenciamento de processos, que trouxe efetivamente modernização e melhora na administração de recursos humanos, pouco houve em termos de mudanças essenciais para caracterizar uma nova fase.

1.2 Gestão Humana: uma nova fase em formação?

Cada uma das sucessivas fases trouxe melhorias na gestão de pessoas. E o que caracterizava a mudança de uma fase para outra era, essencialmente, uma mudança significativa em pelo menos três das seguintes dimensões:

- resultados – ampliavam-se a eficácia e a eficiência dos recursos humanos;
- humanização – resgatava-se parte da natureza humana e melhorava-se significativamente a relação indivíduo-organização;
- estrutura da área de Recursos Humanos – realizava-se uma mudança significativa na estrutura da área;
- abordagem – ocorria uma mudança significativa na forma de considerar o gerenciamento de recursos humanos ou gestão de pessoas.

A partir da primeira fase, a da administração científica, a essência da modificação entre cada uma das fases ocorria em pelo menos três das dimensões apresentadas, incluindo-se aí obrigatoriamente uma mudança de abordagem no gerenciamento de recursos humanos.

No transcorrer das mudanças de fases, a dimensão da humanização, por exemplo, era vista como meio para melhorar resultado ou como condição necessária para fazer face às mudanças socioculturais de uma população cada vez mais educada, culta e politizada.

Assim, uma mudança substancial em pelo menos três destas dimensões, incluindo necessariamente uma mudança na abordagem de gestão de recursos humanos, caracteriza uma mudança de fase.

A partir da década de 1990, novas tendências e influências passaram a demandar uma nova fase, como, por exemplo: uma maior compreensão da dinâmica da economia do conhecimento, o crescimento significativo do setor de serviços mesmo nos países em desenvolvimento e o despertar para a ética nas organizações.

As novas influências em conjunto com a emergência dos sistemas de recompensa baseados em competências, pouco a pouco estendidos para outros sistemas de recursos humanos mais diretamente ligados à remuneração, além do surgimento dos conceitos de capital intelectual, criaram condições para uma nova abordagem de gestão de pessoas e, por conseqüência, o caracterizar de uma nova fase.

Este livro propõe um modelo de gestão humana para empresas intensivas em capital intelectual, mas que também pode ser testado em outros tipos de organização. Isso resulta do fato de que seus princípios também podem ser aplicados com eficácia em outros contextos, tornando-se, assim, um modelo genérico.

As características do modelo podem configurar uma nova fase, pois ele atende plenamente às quatro dimensões citadas. Ou, no mínimo, podem contribuir para a formação desta nova fase em conjunto com outras correntes de pensamento. As principais características do modelo neste sentido são:

- utilização da competência como objeto de unificação não somente conceitual, mas operacional dos sistemas de gestão humana;
- mudança da abordagem de motivação para a de comprometimento como diferencial na geração de valor;
- integração da liderança e do próprio indivíduo como parte efetiva do sistema gestão humana e não mais algo estudado à parte;
- integração efetiva da gestão humana com o negócio, gestão estratégica e desenvolvimento organizacional. Não somente conceitual, mas também operacional;
- ampliação dos processos ou subsistemas de gestão humana, aumentando-se seu número. Como, por exemplo, comprometer, direcionar e liderar;
- flexibilidade nas configurações estruturais da área de recursos humanos de acordo com as estratégias, o contexto e as prioridades de gestão humana de uma organização. Ou seja, não há uma receita única em termos de estrutura, mas características;
- integração do estado da arte em termos de práticas gerenciais e evolução científica da gestão humana em um modelo integrado;
- foco na ampliação da eficácia e eficiência através do gerenciamento da competência e conquista do comprometimento das pessoas.

Embora estas características, que começam a ser detalhadas nos próximos capítulos, atendam plenamente às dimensões que caracterizam uma nova fase de recursos humanos, só o debate, além do avanço teórico e prático, pode revelar se isto realmente ocorrerá.

Tendo em vista a mudança identificada na base orientadora das ações de gerenciamento do ser humano nas organizações e o potencial de configuração de uma nova fase, propõe-se que **a administração de recursos humanos da era do conhecimento seja denominada: Gestão Humana.** A nova denominação destaca um novo conceito, abordagem e modelo de gerenciar seres humanos presentes neste livro.

A proposta decorre do fato de ser possível destacar a mudança do papel das pessoas, que não mais seriam consideradas recursos ou fatores de produção unidimensionais, mas seres holísticos, dotados de habilidades, inteligência e sentimentos e, principalmente, comprometimento. Deixa-se de falar em recursos humanos.

No modelo proposto, o ser humano é reconhecido em sua complexidade. Paradoxalmente, se tal complexidade é reduzida instrumentalmente em competências, o objeto é tratado nos seus sistemas e nas práticas de gestão. Desta mesma complexidade, resgata-se, dentre outras, a dinâmica de comprometimento, pois entende que tais competências só geram valor, em última instância, se o ser humano assim o quiser. Ou seja, na nova abordagem, reconhece-se o poder do querer além de meros condicionantes e incentivos ambientais, na geração de valor. Este poder é reconhecido e passa a ser tratado na lógica de gestão.

A nova designação de fase proposta, Gestão Humana, ajuda a evitar a associação que o termo administração de pessoas[19] ou gestão de pessoas, utilizado ao final da quarta fase para destacar a moderna administração de recursos humanos da década de 1990, traz com o conceito de administração de pessoal que era utilizado pelas escolas: relações humanas e relações industriais. Também existe o fato de que o termo administração de pessoas é uma categoria mais abrangente e genérica, utilizada[20] para descrever como era realizada a administração de pessoas em cada uma das fases:

1. Administração Científica;
2. Relações Humanas;
3. Relações Industriais;
4. Administração de Recursos Humanos;
5. E agora proposta: Gestão Humana.

Assim entende-se por **gestão humana**

---

[19] Proposto por Chiavenato (1996).
[20] Como Gil (1994) e Toledo (1989).

> o conjunto de políticas, processos, programas e ações integradas, para: direcionar, prover, aplicar, desenvolver, compensar, gerenciar desempenho, monitorar, comprometer e liderar competências, que interagem com o indivíduo visando a ampliar a eficiência e a eficácia organizacionais.

Conceituada, caracterizada e contextualizada historicamente a gestão humana, é necessário discutir o papel que vem assumindo o conhecimento no atual contexto organizacional e sua relação com o termo capital intelectual.

1.3 O Capital Intelectual

Dentre as variadas correntes de estudos que existem sobre o tema do conhecimento nas organizações, há uma que o enfoca como Capital Intelectual. O principal argumento desta corrente pode ser resumido através de uma observação relativamente simples, que é a de que existem ativos, chamados genericamente de intangíveis[21], que proporcionam o desenvolvimento e a valorização da organização, e que não são aqueles necessariamente presentes no patrimônio físico da empresa. A natureza destes elementos sugere uma nova forma de visualizar como as organizações gerariam valor, pois os ativos capitais necessários à criação da riqueza não seriam mais unicamente a terra, o trabalho físico, as ferramentas mecânicas e as fábricas, e sim os ativos baseados no conhecimento[22].

A explicitação de um valor para estes ativos é problemática, pois as empresas não negociam objetivamente seus ativos intangíveis, sendo necessário deduzi-los das transações realizadas no mercado de ações ou na venda de empresas[23].

A valorização das empresas em decorrência dos ativos intangíveis também é observada em relação à influência que eles exercem no setor em que atua a empresa. Essa relação fica evidenciada na Figura 1.1, que traça um panorama da valorização das empresas de diferentes setores, relacionando valor de mercado, ativos intangíveis e seu valor contábil líquido.

Apesar da percepção geral, que coloca o conhecimento nas organizações relacionado a ativos intangíveis, o termo que vem sendo utilizado por diversos autores[24] para abranger tais ativos ou mesmo caracterizar e discutir a questão é o conceito de Capital Intelectual.

---

[21] Sveiby (1998) e Edvinsson (1998).
[22] Stewart (1998).
[23] Sveiby (1998).
[24] Como Edvinsson (1998), Davenport (1998), Stewart (1998) e Sveiby (1998).

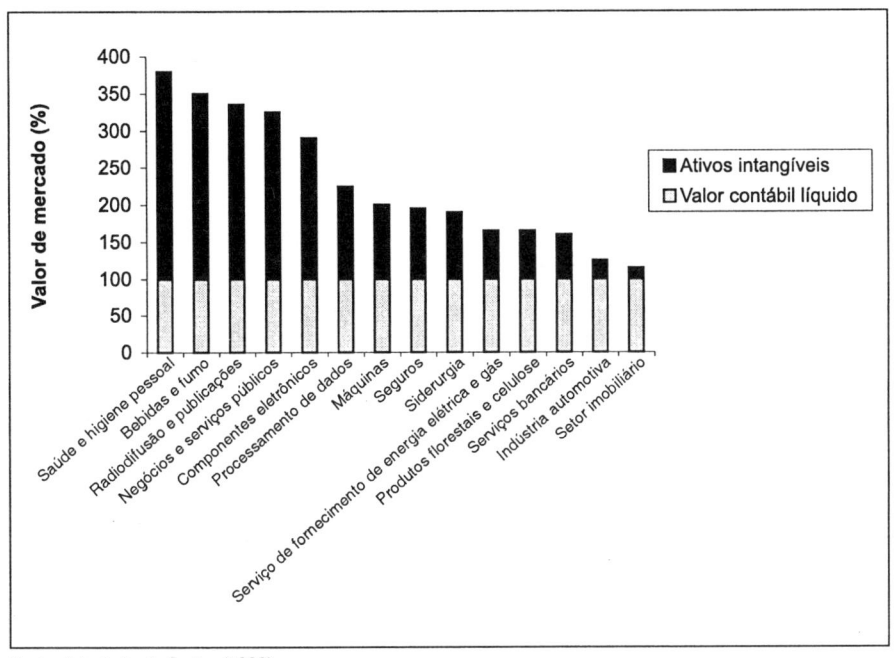

Figura 1.1
Valores de mercado e ativos intangíveis – abril de 1995.

[Gráfico de barras mostrando Valor de mercado (%) no eixo Y de 0 a 400, com barras representando diferentes setores, divididas entre Ativos intangíveis e Valor contábil líquido. Setores listados: Saúde e higiene pessoal, Bebidas e fumo, Radiodifusão e publicações, Negócios e serviços públicos, Componentes eletrônicos, Processamento de dados, Máquinas, Seguros, Siderurgia, Serviço de fornecimento de energia elétrica e gás, Produtos florestais e celulose, Serviços bancários, Indústria automotiva, Setor imobiliário.]

Fonte: Adaptado de Sveiby (1998).

A evolução do Capital Intelectual como tema de estudos é recente. O conceito de Capital Intelectual foi desenvolvido a partir de uma abordagem empírica, que procurou analisar os elementos intervenientes na geração de valor das organizações.

O Capital Humano inclui a capacidade, o conhecimento, a habilidade e a experiência individual dos empregados e gerentes, além de sua criatividade e capacidade de inovar.

Existe a idéia de que o ser humano deve ser incluído na formulação de como as organizações geram valor. Propõe-se contabilizar as pessoas, sua inteligência, o treinamento, a liderança, as qualidades de decisão e comunicação, entre outros, na forma de ativos humanos, os quais refletiriam a capacidade produtiva da organização humana de uma empresa[25].

A Figura 1.2 apresenta uma classificação adotada por Edvinsson relacionando a composição de sua definição de Capital Intelectual com o valor de mercado de uma organização.

---

[25] Likert (1975).

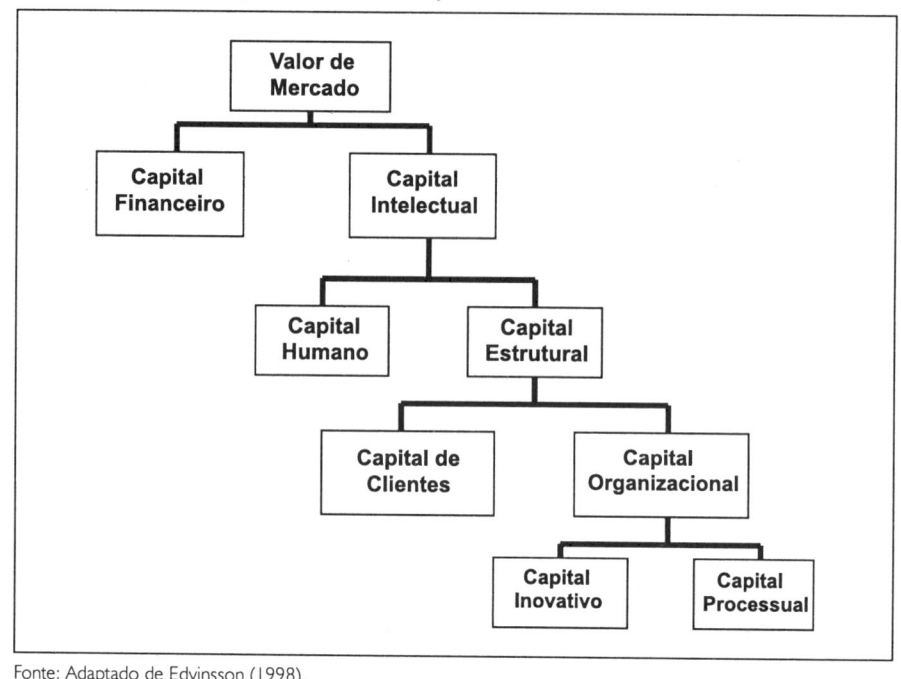

Figura 1.2
Esquema da Skandia para o valor de mercado.

```
                    Valor de
                    Mercado
                   /         \
           Capital           Capital
          Financeiro        Intelectual
                           /          \
                     Capital          Capital
                     Humano          Estrutural
                                    /         \
                            Capital de       Capital
                            Clientes       Organizacional
                                          /            \
                                    Capital          Capital
                                    Inovativo       Processual
```

Fonte: Adaptado de Edvinsson (1998).

Compondo o **capital estrutural**, existem as categorias de Capital de Clientes e Capital Organizacional:

- **Capital de Clientes** – entendido como o valor do relacionamento com os clientes. Nesta categoria, o conhecimento sobre negócios é criado quando ocorre o encontro do know-how presente na organização com as necessidades dos clientes[26].
- **Capital Organizacional** – envolve os sistemas, os instrumentos e as práticas operacionais que agilizam o fluxo de conhecimentos pela organização e pelas suas áreas externas, como as que são encarregadas do suprimento e da distribuição. Caracteriza-se como uma competência sistematizada da organização e dos sistemas que alavancam esta competência[27].

---

[26] Nurmi (1998).
[27] Edvinsson (1998).

Por sua vez, o **Capital Organizacional** é dividido em:

> - **Capital Inovativo** – é a capacidade de renovar e, a partir desta renovação, criar direitos comerciais ou propriedades intelectuais, que permitam desenvolver e colocar rapidamente no mercado novos produtos e serviços[28].
> - **Capital Processual** – composto de técnicas gerenciais (p. ex.: ISO 9000) e programas direcionados aos empregados, que possibilitam o aumento e a ampliação da eficiência produtiva e da prestação de serviços[29].

A capacidade de aprender e a de colaborar para o gerenciamento do relacionamento com os clientes também são consideradas como uma das futuras fontes de vantagem competitiva das organizações[30]. Semelhante constatação evidencia a importância de se destacar o papel da relação com os clientes, nos constructos relativos à identificação dos elementos geradores de valor na organização.

O papel do conhecimento nas organizações também destaca a existência de três categorias responsáveis pela criação do valor na organização, que são[31]:

> - **a competência do funcionário** – traduz-se na capacidade de agir em diversas situações para criar tanto ativos tangíveis como intangíveis;
> - **a estrutura interna** – abrange patentes, conceitos, modelos e sistemas administrativos e de computadores; além disso, a cultura ou o espírito organizacional também é uma estrutura interna;
> - **a estrutura externa** – representa as relações com clientes e fornecedores, as quais se materializam como marcas registradas e a reputação ou imagem da empresa.

As categorias apresentadas até agora contribuem na delimitação do que se entende como **empresas intensivas em Capital Intelectual Humano**. Elas podem ser definidas como

> *empresas que têm como uma de suas principais fontes de receita a capacidade, o conhecimento implícito, a habilidade e a experiência individual dos funcionários, incluindo a sua criatividade e a sua capacidade de inovar*[32].

---

[28] Edvinsson (1998).
[29] Edvinsson (1998).
[30] Liedtka et al (1997).
[31] Sveiby (1998).
[32] Seiffert (2002).

Como exemplo, tem-se a empresa prestadora de serviços, onde o conhecimento é tanto matéria-prima como produto, organizações como: empresas de consultoria, institutos de pesquisa e desenvolvimento, e hospitais. Têm-se ainda empresas onde o talento e a habilidade humana são diferenciais na geração de receita, tais como empresas de entretenimento, como circos, clubes de futebol e canais de televisão.

Dentre os elementos apresentados, que compõem o Capital Intelectual ou os ativos intangíveis, **o mais importante é aquele que tem no ser humano o seu principal agente**, ou seja, o Capital Humano ou a competência do funcionário. Isso decorre de uma observação relativamente simples, a de que **somente as pessoas podem agir**[33]. Apesar da simplicidade da observação, ela é essencial, tendo em vista que as pessoas são os únicos verdadeiros agentes na empresa. Todos os ativos e as estruturas – tangíveis ou intangíveis – são resultados das ações humanas. Todo o arcabouço organizacional depende das pessoas, em última instância, para continuar a existir[34]. E, ainda, também deve ser considerado que somente o fator humano interpenetra todos os outros fatores, atuando como um agente ativo sobre todos os demais[35].

Cabe definir o que é **Capital Intelectual Humano**.

> *O conhecimento implícito, a habilidade e a experiência individual da força de trabalho, incluindo a sua criatividade e a sua capacidade de inovar*[36].

Alguns autores afirmam que o trabalho rotineiro, e que exige pouca habilidade, não geraria nem empregaria Capital Humano para a organização[37,38]. Além desta constatação, observa-se que quando o objetivo é inovar, na forma de produtos ou na melhoria de processos, o Capital Humano acaba sendo formado quando uma parcela maior do tempo e do talento das pessoas de uma organização é dedicada a atividades que geram inovação. Sendo assim, o Capital Humano cresce quando a empresa usa mais o que as pessoas sabem e

---

[33] Sveiby (1998).
[34] Sveiby (1998).
[35] Edvinsson (1998).
[36] Seiffert (2002).
[37] Stewart (1998).
[38] O posicionamento do autor tende a ser elitizante. É importante destacar que o ser humano dotado de significado e motivação intrínseca é capaz de feitos extraordinários mesmo em ambientes hostis. Assim, qualquer que seja seu posicionamento nas organizações, este é capaz de grandes contribuições; o desafio dado é como aproveitar este potencial latente, quando muitas vezes o próprio desenho do cargo o subestima e adormece.

quando um número maior de pessoas possui conhecimentos úteis para a organização.

Embora reconhecendo que exista uma distinção no valor agregado pelos diferentes tipos de trabalhadores que compõem uma organização, consideram-se, neste trabalho, todos os trabalhadores como parte do Capital Humano de uma empresa. Dessa forma, é adotado um enfoque de Capital Humano dos autores que procuram mensurá-lo, os quais ao apresentarem seus indicadores focam mais na quantificação de toda a força de trabalho do que em tipos de trabalhadores.

Reconhecendo, ainda, que o valor gerado por cada tipo de trabalhador é diferenciado, entende-se que, para a eficácia da Gestão Humana, os sistemas e subsistemas desta gestão devem ser adequados a tal diferenciação, incorporando este pressuposto em seus desenhos ou mecanismos de mensuração.

1.4 Resumo

Neste capítulo, foi abordada a evolução do gerenciamento do ser humano nas organizações, dos conceitos correlatos, até o surgimento da idéia de gestão humana.

O ato de gerenciar as pessoas, como parte de um contexto de administração efetiva e intencional, teve diversas características, mas assumiu um papel destacado a partir da Revolução Industrial. O surgimento inicial do cargo de secretário do bem-estar no século XVIII deu lugar a seguir, em meados do século XX, a órgãos especializados e de maior complexidade. Tais órgãos foram inicialmente condicionados pelo modelo de administração científica, passando a seguir pelas influências da escola das relações humanas, pela escola de relações industriais e pela teoria geral dos sistemas. Da teoria geral dos sistemas resultou o surgimento do termo administração de recursos humanos, que se tornou amplamente utilizado. No contexto atual, com o surgimento da era do conhecimento e suas conseqüências, passa a surgir o termo gestão humana, o qual sinaliza uma potencial nova fase.

Gestão Humana significa conjunto de políticas, processos, programas e ações integradas, para: direcionar, prover, aplicar, desenvolver, compensar, gerenciar desempenho, monitorar, comprometer e liderar competências, que interagem com o indivíduo visando a ampliar a eficiência e a eficácia organizacionais.

A definição do termo Capital Intelectual está relacionada aos estudos do conhecimento no ambiente organizacional. Ele representa os ativos intangíveis de uma organização. Semelhantes ativos podem ser quantificados objetivamente por meio do valor das ações da empresa, deduzidos do valor estabelecido contabilmente para ela.

Como partes formadoras do Capital Intelectual existem o Capital Humano e o Capital Estrutural. O primeiro representa o conhecimento implícito, a habilidade e a experiência individual da força de trabalho, incluindo a sua criatividade e a sua capacidade de inovar. Já o Capital Estrutural seria a infra-estrutura organizacional que apóia o Capital Humano.

Existem também as empresas intensivas em Capital Intelectual Humano. Essa categoria engloba organizações que têm como principal fonte de receita a capacidade, o conhecimento implícito, a habilidade e a experiência individual de seus funcionários, somados a sua criatividade e a sua capacidade de inovar. Como exemplo dessa categoria, existem as empresas de consultoria, os institutos de pesquisa de desenvolvimento e os hospitais.

Capítulo 2

O Modelo de Gestão Humana

A partir deste capítulo, será abordado o modelo proposto para Gestão Humana em Empresas Intensivas em Capital Intelectual Humano.

O modelo foi elaborado a partir de parâmetros de desenho, os quais têm origem nos estudos teóricos relacionados a Gestão Humana, a Capital Intelectual e a Organizações.

A relação de parâmetros de desenho está sintetizada no Quadro 2.1.

Os parâmetros apresentados neste quadro direcionaram o desenvolvimento do modelo no sentido amplo, o qual, estruturalmente, compõe-se de:

- categorias ou conceitos;
- modelo no sentido restrito;
- princípios;
- sistemas e práticas;
- papéis;
- método de implantação.

Quadro 2.1
Parâmetros de Desenho do Modelo

Parâmetros de desenho
• Considerar os diversos sistemas ou subsistemas de recursos humanos de forma integrada. • Fortalecer e aprimorar as novas características da administração de recursos humanos. • Estar adequado às características das organizações da era do conhecimento. • Ampliar e utilizar, de forma eficaz, o capital intelectual humano da organização. • Ser integrável à gestão do conhecimento. • Considerar a administração como sistema aberto, enfocar o conceito de ação administrativa e das racionalidades[1]. • Adequar ao contexto de economias com características mais orgânicas do que puramente burocráticas. Focar eficácia e eficiência organizacionais. • Adequar-se, prioritariamente, às organizações intensivas em conhecimento, tais como organizações profissionais e inovadoras[2]. • Considerar tanto em conteúdo, mas principalmente em processo, os seguintes conceitos de diversas teorias: motivação, liderança, consentimento, comprometimento e tensão ética. • Incorporar o estado da arte em termos de práticas e sistemas de gestão humana no Brasil. • Procurar integrar e sinergizar tais práticas em um modelo ou sistema integrado. • Propor uma nova abordagem de gerenciar recursos humanos.

Por sua vez, o termo modelo no sentido restrito é entendido conceitualmente como

um esquema que serve para a representação simplificada de um fenômeno ou de um processo[3].

O modelo no sentido restrito, no caso a Gestão Humana, e as inter-relações entre os seus elementos são visualizados na Figura 2.1.

O modelo no sentido restrito é composto de nove elementos, dos quais o **liderar competências** é o central. Os elementos são:

- direcionar;
- prover;
- aplicar;
- compensar;
- desenvolver;
- gerenciar desempenho;
- monitorar;
- comprometer;
- liderar.

---
[1] Ramos (1989).
[2] Mintzberg (2001).
[3] Branco (1994).

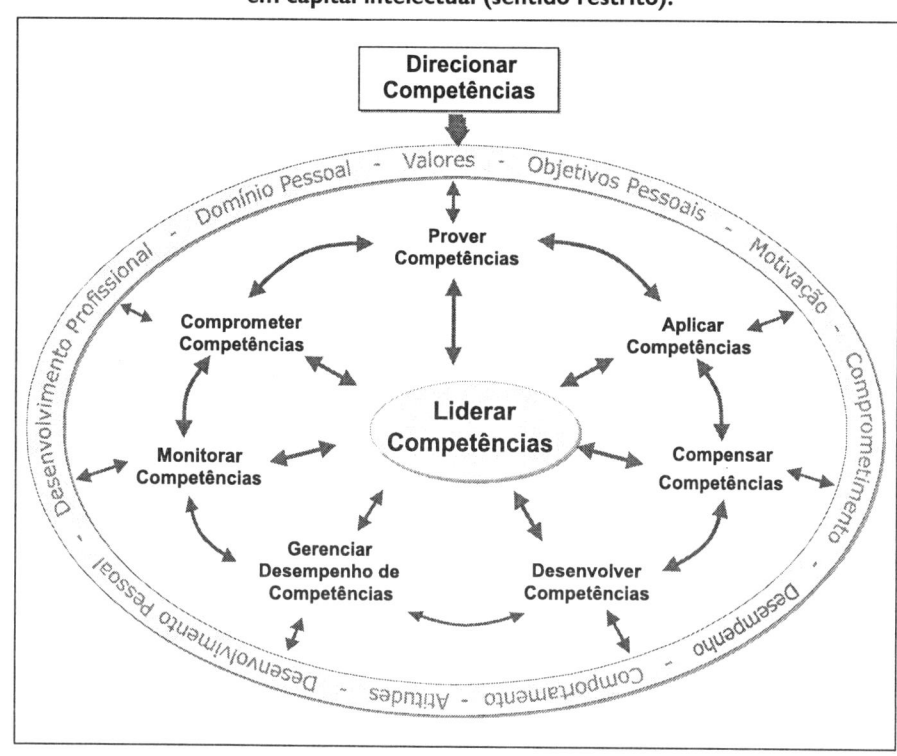

Figura 2.1
Modelo de Gestão Humana para empresas intensivas
em capital intelectual (sentido restrito).

Tais elementos estão integrados tanto conceitual como operacional e dinamicamente, e o **componente integrador de todos os elementos é a competência**.

A **competência** como componente integrador de todos os elementos é definida como uma

> *combinação mensurável e observável de conhecimentos, habilidades, comportamentos e características pessoais, que contribuem para ampliar a performance dos empregados e, por conseqüência, da organização*[4].

Cada uma das partes do conceito atua como objeto ou conteúdo de interação entre todos os elementos. Assim, uma habilidade que é necessária para maior eficácia da organização, definida através do elemento direcionar com-

---
[4] Seiffert (2002).

petências, será também provida, desenvolvida, comprometida, liderada, aplicada e compensada.

O modelo possui interface com as estratégias e com os objetivos de negócio, a qual é efetivada através do elemento direcionar competências. Esse, por sua vez, define quais habilidades, conhecimentos, comportamentos e características pessoais são necessários para a consecução de objetivos e estratégias, tornando-se também um importante capacitador dos mesmos.

Este modelo envolve, ainda, interação contínua com as pessoas que sofrem influência direta ou indireta de cada um dos nove elementos. Cada elemento influencia suas atitudes, seus comportamentos e comprometimentos, suas motivações e ações, e outros conceitos representativos da inter-relação entre indivíduo e organização. Os indivíduos são representados no modelo através do aro externo, e sua inter-relação é caracterizada através das setas de mútua interação entre este aro e cada elemento.

2.1 O modelo no sentido amplo

Um aprofundamento da descrição do modelo no sentido restrito e seus elementos será realizado no próximo capítulo, por ora é o suficiente para o entendimento do modelo no sentido amplo.

O sentido amplo do modelo se caracteriza pela proposição de uma relação do modelo no sentido restrito com outros cinco componentes, os quais podem ser observados na Figura 2.2, sendo eles: princípios, categorias, método, papéis, sistemas e práticas[5].

Um dos componentes apresentados na Figura 2.2 é o método de implantação do próprio modelo, composto por cinco fases cíclicas:

1. diagnóstico;
2. planejamento;
3. implantação;
4. avaliação;
5. consolidação.

Outros componentes são os conceitos e os princípios do modelo, ambos utilizados durante a implantação e, principalmente, durante a operação do

---

[5] Conceitualmente, modelo, em um sentido amplo, tem conotação de teoria, ou seja, significa: teoria explicativa sob a forma de proposições de que é possível deduzir um conjunto de conseqüências diretamente ligadas ao fenômeno estudado. Apresenta-se em forma de pressupostos, conceitos, princípios, metodologias, ferramentas ou técnicas sobre determinado fenômeno.

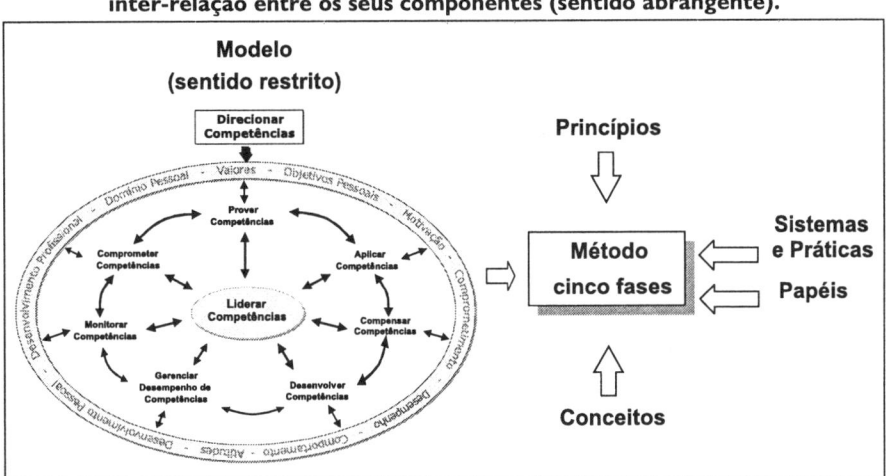

Figura 2.2
Modelo de Gestão Humana para empresas intensivas em capital intelectual e inter-relação entre os seus componentes (sentido abrangente).

mesmo. Eles atuam como lubrificantes e catalisadores ao possibilitarem maiores eficiência e eficácia através do adequado ajuste e integração entre todos os componentes e elementos do modelo.

Para flexibilizar e possibilitar a sua atualização dinâmica, cada elemento do modelo é composto por sistemas e práticas, que podem incluir também políticas e ações. Isto confere flexibilidade de atualização, uma vez que cada elemento pode ser estruturado, em uma organização, através de um ou mais processos ou sistemas, em uma ou mais práticas, e assim por diante, dependendo do contexto de sua aplicação.

Como cada um dos nove elementos do modelo, no sentido restrito, constituem-se em seus pilares sendo menos mutáveis e aplicando-se a ampla maioria dos contextos organizacionais, os sistemas e as práticas são mutáveis, flexíveis e não prescritíveis, embora sejam complementes e formas de realização efetiva de cada elemento. Em uma analogia, pode-se afirmar que os elementos são os pilares, ao passo que os sistemas e as práticas são os tijolos, ou seja, de acordo com o contexto de cada organização podem adquirir diferentes configurações e formas. Isso confere ao modelo maior flexibilidade e adequação de sua arquitetura ao contexto de cada organização.

Assim, os sistemas e as práticas compõem cada elemento do modelo no sentido restrito e são implantados tendo estes elementos como referencial, construindo-os e fortalecendo-os ao longo de sua dinâmica de implantação e operação. Enquanto a dinâmica de atualização dos sistemas e práticas é maior, os elementos do modelo têm atualização menos freqüente, sempre buscando serem imutáveis. Todavia, reconhecendo que existe um mundo dinâmico que gera imperativos, a ocorrência da mutação é sempre uma questão de tempo e referencial adotado.

A implantação plena do modelo envolve um horizonte de médio a longo prazo. Requer diversos anos nos quais ocorrem ajustes e melhorias nos sistemas e práticas que vão sendo implantados em determinado contexto organizacional. A implantação do modelo constitui-se em um processo de mudança planejada e gerenciada que tem por objetivo final a obtenção de melhores eficácia e eficiência organizacionais através do melhor uso do capital humano.

No próximo capítulo, será enfocado o modelo no sentido restrito, através da apresentação detalhada de seus nove elementos e dos principais sistemas e práticas que o compõem. No decorrer deste capítulo, detalham-se os principais conceitos do modelo.

No Capítulo 5, detalham-se os componentes relacionados aos aspectos táticos e estratégicos do modelo, tais como: princípios, método de implantação e papéis da área de gestão humana.

2.2 Competência, o conceito integrador

Conforme apresentado na Figura 2.1 e discutido no item anterior, o modelo no sentido restrito é composto por nove elementos, os quais são compostos de sistemas e práticas, além de ações e políticas.

O conceito-chave que permite tanto a integração dos sistemas e das práticas quanto entre os demais elementos do modelo, conferindo-lhes o caráter modular, é o de competência.

A competência, entendida como combinação mensurável e observável de conhecimentos, habilidades, comportamentos e características pessoais, que contribuem para ampliar a performance dos empregados e, por conseguinte, da organização, guarda similaridade com o conceito que entende Capital Intelectual Humano como toda capacidade, conhecimento, habilidade e experiência individual dos empregados e gerentes[6].

Os dois conceitos diferem principalmente na componente comportamental, entendida no conceito de competência como contribuidor ao desempenho ou aos resultados. O conceito de competência é focado no desempenho e nos resultados, enquanto o de Capital Intelectual Humano tem um foco mais estrutural, ou seja, preocupa-se em caracterizar as partes que compõem tal conceito e, por isso, não incluiu o comportamento, normalmente um item

---

[6] Edvinsson (1998).

volúvel. Por outro lado, existe uma ênfase instrumental no conceito de competência, pois ele foi desenvolvido para ser utilizado pelos sistemas de remuneração e treinamento.

Já o conceito de competência proposto neste modelo tem caráter funcional, sistêmico e estrutural.

Funcional ➜ porque se preocupa em instrumentalizar as práticas de recursos humanos.

Sistêmico ➜ porque procura viabilizar de forma integrada e padronizada as práticas dos nove elementos do modelo, além de viabilizar a integração com os processos de desenvolvimento organizacional e planejamento estratégico.

Estrutural ➜ porque apresenta as partes que o compõem.

Uma visão detalhada de como cada parte do conceito de competência é utilizada em cada um dos elementos do modelo é apresentada na Tabela 2.1.

Tabela 2.1
Elementos do modelo de gestão humana *versus* componentes do conceito de competência

	MODELO DE GESTÃO HUMANA PARA EMPRESAS INTENSIVAS EM CAPITAL INTELECTUAL									
	ELEMENTOS DO MODELO	Direcionar	Prover	Aplicar	Compensar	Gerenciar Desempenho	Desenvolver	Monitorar	Comprometer	Liderar	Indivíduo[7]
PARTES DO CONCEITO COMPETÊNCIA	Habilidade	X	X	X	X	X	X	X	X	X	X
	Conhecimentos		X	X	X	X	X	X	X	X	X
	Comportamentos	X	X	X	X	X	X	X	X	X	X
	Características Pessoais	X	X	X	X	X	X	X	X	X	X

---

[7] O indivíduo não é um elemento, mas o principal agente de interação com o modelo. Este aparece listado na tabela para evidenciar que o mesmo interage com o modelo nas quatro partes do conceito de competência.

A Tabela 2.1 relaciona do lado esquerdo, na coluna cinza-claro, os componentes do conceito proposto de competência em contraposição aos elementos do modelo de gestão humana para empresas intensivas em capital intelectual. Em cada campo de relacionamento, a presença do X representa que esse componente do conceito de competência é utilizado pelo elemento em relação. Por exemplo, o elemento de prover através de sistemas e práticas de recrutamento e seleção utiliza-se de habilidades, conhecimentos, comportamentos e características pessoais em seus processos; já os sistemas do elemento direcionar competências não se utilizam do conhecimento em seus sistemas e práticas.

A tabela revela que os componentes do conceito são utilizados de forma ampla e funcional em todos os elementos do modelo, validando assim o conceito proposto no seu caráter funcional.

Ao destacar a coluna da liderança entre os demais elementos e o modelo, a tabela procura representar o papel do líder como o gestor de pessoas no dia-a-dia. Nesse papel, ele age ativamente como influenciador de significados, formador de cultura e eixo central na utilização dos sistemas e das práticas de cada um dos elementos do modelo. Dessa forma, entende-se o papel do moderno gerente na era do capitalismo do conhecimento, ou seja, o de ser responsável pela aplicação e pelo desempenho do conhecimento[8]. No modelo, também é proposto algo mais, ou seja, que o gerente seja responsável não só pela aplicação e pelo desempenho do conhecimento, mas pelos nove elementos que o compõem, além de atuar sobre a competência.

Sendo assim, a liderança torna-se elemento central no modelo, atuando como força coordenadora que faz convergir as competências humanas para os objetivos e para as metas organizacionais. A liderança é a força que personifica a gestão humana ao utilizar e dar dinâmica a todos os demais elementos.

Ao destacar a coluna dos indivíduos, a tabela procura representar que estes são atores principais e ativos no processo de gestão humana. Isso decorre do fato de eles interagirem dinamicamente com a organização através de suas habilidades, conhecimentos, comportamentos e características pessoais. De fato, todo o modelo orienta-se e gira em torno dos seres humanos.

Identificando nos seres humanos holísticos e complexos as suas competências, que serão utilizadas para uma maior eficiência e eficácia organizacional, cria-se uma unidade instrumental que facilitará o gerenciamento do Capital Intelectual Humano. Cria-se, também, uma unidade de referência para integração de todos os elementos, práticas e sistemas de Gestão Humana.

---

[8] Drucker (1993).

Dessa forma, o modelo de Gestão Humana proposto permite não somente o gerenciamento do Capital Intelectual Humano, como também uma forma de ampliá-lo sistematicamente, principalmente através dos elementos direcionar, prover e desenvolver competências.

2.3 Conceitos do modelo

Os conceitos são uma das componentes do modelo. E como este também tem caráter funcional, ou seja, visa a ampliar a eficiência e a eficácia organizacionais, os conceitos aqui apresentados têm a mesma característica.

Assim, as definições dos conceitos se preocupam com a sua utilização prática e sua integração com os demais conceitos, sistemas e práticas de cada elemento do modelo; além da adequada categorização teórica.

Podem não ser os mais amplos, abrangentes ou melhores conceitos sob o ponto de vista puramente teórico ou acadêmico, mas certamente são os melhores sob o referencial de aplicação prática, no contexto do modelo e sua operacionalização, para melhoria de resultados.

Um bom exemplo é o conceito de competência adotado. Ao contrário de outros autores não foi definido um conceito abrangente que se preocupa em considerar todas as nuances relacionadas. E sim um conceito prático, aplicável e útil como integrador de todos os elementos do modelo.

A seguir explicita-se cada um dos conceitos.

Atitudes – tendência a responder, de forma positiva ou negativa, a pessoas, objetos ou situações[9].

Capital intelectual – é a posse de conhecimento, experiência aplicada, tecnologia organizacional, relacionamento com clientes e habilidades profissionais que proporcionem à empresa uma vantagem competitiva no mercado[10].

Capital estrutural – o capital estrutural pode ser mais bem descrito como o arcabouço, o *empowerment* e a infra-estrutura que apóiam o capital humano. Ele é também a capacidade organizacional, incluindo os sistemas físicos utilizados para transmitir e armazenar conhecimento intelectual[11].

Capital Intelectual Humano – o conhecimento implícito, a habilidade e a experiência individual da força de trabalho, incluindo a sua criatividade e a sua capacidade de inovar[12].

---
[9] Michaelis (s.d.).
[10] Edvinsson (1998, p. 30).
[11] Edvinsson (1998, p. 32).
[12] Seiffert (2002).

Características pessoais – traços de personalidade, atitudes, características físicas e intelectuais que revelem potencial ou predisposição a comportamento. Exemplos: introvertido *versus* extrovertido ou tranqüilo *versus* tenso[13].

Clima – clima interno é o estado em que se encontra a empresa ou parte dela em dado momento, estado momentâneo e passível de alteração mesmo em curto espaço de tempo em razão de novas influências surgidas, e que decorre das decisões e ações pretendidas pela empresa, postas em prática ou não, e/ou das reações dos empregados a essas ações ou à perspectiva delas. Esse estado interno pode ter sido influenciado por acontecimentos externos e/ou internos à empresa, e pode ser origem de desdobramentos em novos acontecimentos, decisões e ações internas[14].

Competência – agrupamento de conhecimentos, habilidades, comportamentos de performance e características pessoais, que afeta parte considerável da atividade de alguém, que se relaciona com o desempenho, que pode ser medido segundo padrões preestabelecidos, e que pode ser melhorado por meio de treinamento e desenvolvimento[15].

Comportamento – maneira pela qual um indivíduo age espontaneamente ou em resposta ao seu meio ambiente e a membros de sua própria espécie e de outras[16].

Comprometimento – compreende a combinação dos enfoques instrumental calculativo, afetivo e normativo[17]. Sendo entendido tanto como: força relativa de identificação e envolvimento do indivíduo com uma organização (afetivo), como: totalidade de pressões normativas internalizadas pelo indivíduo para que se comporte congruentemente com os objetivos e interesses da organização (normativo) e como: a tendência de se engajar em linhas consistentes de atividades devido aos custos associados à maneira de agir de forma diferente (instrumental calculativo).

Consentimento – (...) refere-se tanto a uma relação em que um indivíduo se comporta de acordo com a diretriz apoiada pelo poder de outro indivíduo, como à orientação do subordinado em face do poder empregado[18].

Cultura – a Cultura Organizacional é o modelo dos pressupostos[19] básicos, que determinado grupo possa ter inventado, descoberto ou desenvolvi-

---

[13] Seiffert (2002).
[14] Oliveira (1995, p. 47).
[15] Seiffert (2002).
[16] Nova (s.d.).
[17] Destacados em Bastos (1992).
[18] Etzioni (1974, p. 31).
[19] Schein *apud* Freitas (1991).

do no processo de aprendizagem para lidar com os problemas de adaptação externa e integração interna. Uma vez que os pressupostos tenham funcionado bem o suficiente para serem considerados válidos, são ensinados aos demais membros como a maneira correta para se perceber, pensar-se e se sentir em relação àqueles problemas[20].

Desenvolvimento organizacional – é um processo de mudança planejada visando a ampliar a eficiência e a eficácia organizacionais, coordenada, promovida e implantada a partir das principais lideranças, utilizando-se de modernas tecnologias gerenciais e considerando tanto aspectos técnicos como humanos em sua implantação[21].

Eficácia organizacional – é a capacidade de obter resultados, incluindo neste processo a escolha dos objetivos mais adequados e os melhores meios para alcançá-los[22].

Eficiência organizacional – é a obtenção dos melhores resultados utilizando-se determinados recursos ou insumos[23].

Empresa intensiva em capital intelectual humano – são empresas que provêem produtos e serviços intensivos em conhecimentos, habilidades, características pessoais e comportamentos, normalmente possuem profissionais especializados no nível profissional, tais como organizações profissionais e inovadoras[24].

Força de trabalho – categoria formada pelas pessoas que possuem diferentes vínculos com a organização, tais como: funcionários, temporários, estagiários, sócios, acionistas e outros[25]. Os funcionários terceirizados podem ser incluídos, desde que os mesmos tenham relação direta como prestadores de serviços contratados e não como subcontratados por outra organização.

Gestão humana (no modelo) – conjunto de políticas, processos, programas, sistemas e práticas, para: direcionar, aplicar, desenvolver, compensar, gerenciar desempenho, monitorar, comprometer e liderar competências, que interagem com o indivíduo visando a ampliar a eficiência e a eficácia organizacionais[26].

Habilidade – capacidade de realização de tarefas ou de um conjunto de tarefas em conformidade com padrões exigidos[27]. Neste trabalho, é definida como capacidade de realizar algo.

---

[20] Schein *apud* Freitas (1991, p. 7).
[21] Seiffert (2002).
[22] Megginson *et al.* (1998).
[23] Megginson *et al.* (1998).
[24] Seiffert (2002).
[25] Critérios (1998).
[26] Seiffert (2002).
[27] Wood jr. (1999).

Liderança – processo de influência em que um indivíduo ou grupo é orientado para o alcance de um ou mais objetivos. Um conceito derivado é o de atos de liderança – ações, conscientes ou não, de influência de um indivíduo sobre o grupo para alcance de um ou mais objetivos[28].

Modelo – no sentido abrangente significa: teoria explicativa sob a forma de proposições de que é possível deduzir um conjunto de conseqüências diretamente ligadas ao fenômeno estudado[29]. Apresenta-se em forma de pressupostos, conceitos, princípios, metodologias, ferramentas ou técnicas sobre determinado fenômeno. No sentido restrito, significa esquema que serve para a representação simplificada de um fenômeno ou de um processo[30].

Motivação – motivo ou necessidade intrínseca de um comportamento humano. Trata-se de uma função tipicamente interna a cada pessoa, uma força propulsora que tem suas fontes freqüentemente escondidas no interior de cada um e cuja satisfação ou insatisfação é parte integrante de sentimentos que são, tão-somente, experimentados dentro de cada pessoa[31].

Motivar – ato de estabelecer incentivos compatíveis com as necessidades de uma pessoa ou grupo[32].

Papéis de recursos humanos – orientação de tipo de atividade em gestão humana. Pode ser de orientação estratégica, mudança, melhoria de performance dos funcionários ou de processos de gestão humana[33].

Poder – capacidade de influenciar as pessoas para determinado objetivo. Possui as seguintes bases[34]: poder formal, recompensa, coerção, carisma ou referência e conhecimento.

Valores – são os conceitos básicos da organização, que estabelecem padrões de desempenho, questões prioritárias e expectativas com relação à empresa e aos desdobramentos que possam ocorrer nela. São elementos que definem o que é importante para a organização ser bem-sucedida[35].

---

[28] Seiffert (2002).
[29] Boudon et al. (1993).
[30] Branco (1994).
[31] Bergamini (1990).
[32] Embora o ato de motivar possa ser extrínseco, o fato de aceitar ou não um incentivo é de natureza intrínseca (Bergamini, 1997). Considerar o processo de motivação somente em um enfoque intrínseco ou extrínseco significa simplificá-lo e amputá-lo de um significado mais amplo e completo. Ambos enfoques são complementares e não excludentes; este entendimento também é compartilhado por Bergamini (1997).
[33] Ulrich (1997).
[34] Etzionii apud Stoner (1985).
[35] Seiffert (2002).

2.4 Resumo

Este capítulo abordou o modelo Gestão Humana para Empresas Intensivas em Capital Intelectual Humano. Foram apresentados os parâmetros de desenho que nortearam o modelo, o qual é composto por categorias/conceitos, modelo no sentido restrito, princípios, sistemas e práticas, papéis e método de implantação. No sentido restrito, modelo representa um esquema que serve para a representação simplificada de um fenômeno ou de um processo. Este tem como amálgama o conceito de competência, que torna possível a integração operacional e funcional dos nove elementos que são: direcionar, prover, aplicar, compensar, desenvolver, gerenciar desempenho, monitorar, comprometer e liderar competências. Esse último é o elemento central. A competência é entendida como combinação mensurável e observável de conhecimento, habilidades, comportamentos e características pessoais, que contribuem para ampliar a performance dos empregados e, por conseqüência, da organização. No sentido amplo do modelo, caracteriza-se pela relação de seu esquema simplificado com princípios, conceitos, método, papéis, sistemas e práticas, os quais se inter-relacionam. O método de implantação do modelo é composto de cinco fases cíclicas, que são: diagnóstico, planejamento, implantação, avaliação e consolidação. Os conceitos e princípios destinam-se à aplicação, além da integração entre os componentes e elementos do modelo. A relação entre os conceitos de Competência e Capital Intelectual possui semelhanças no que tange às características das pessoas, mas diverge na componente comportamental. O conceito de Competência é mais funcional focado em desempenho e resultados, ao passo que o de Capital Intelectual é mais estrutural, no sentido do que compõe tal capital.

Capítulo 3

OPERACIONALIZANDO O MODELO DE GESTÃO HUMANA

Neste capítulo, são detalhados cada um dos elementos do modelo e seus correspondentes sistemas e práticas. São estes que operacionalizam e tornam realidade cada um dos seus elementos e, por conseqüência, o modelo. Dentro dessa perspectiva, foram levantadas, selecionadas e adaptadas as melhores e mais modernas práticas e sistemas de gestão humana, adequadas ao contexto de empresas intensivas em capital humano.

Estas práticas estavam presentes na realidade empresarial ou estavam emergindo na base teórica da gestão de pessoas. Outras, de caráter inédito, são proposições desenvolvidas especificamente para o modelo, já tendo sido testadas total ou parcialmente na realidade empresarial através de atividades de consultoria do autor.

Assim, tendo em vista uma perspectiva de dotar a Gestão Humana de formas para lidar com a competência, serão abordadas, a seguir, maneiras de direcioná-la, provê-la, aplicá-la, compensá-la, desenvolvê-la, gerenciar seu desempenho, monitorá-la, comprometê-la e liderá-la.

3.1 Direcionar competências

O presente elemento direciona todos os demais, definindo quais são as competências organizacionais necessárias para viabilizar os objetivos e as estratégias de negócio. Tais competências são extraídas do que é definido:

- na visão de futuro;
- nos objetivos estratégicos;
- na missão;
- nas estratégias;
- nos valores organizacionais;
- nos produtos ou serviços.

Direcionar competências caracteriza-se por práticas de identificação e desdobramento de competências, possuindo forte interação e integração com os processos de planejamento estratégico. Nesse elemento, definem-se e desdobram-se as competências essenciais ao negócio. Ele também atua como orientador e facilitador do desenvolvimento organizacional, definindo claramente as competências ou capacidades necessárias à empresa em cada uma de suas áreas. Isto possibilita uma adequada execução de seu negócio, visão e respectivas estratégias.

Um panorama conceitual da integração entre os elementos do planejamento estratégico e a definição de competências pode ser visualizado na Figura 3.1 e um exemplo na Tabela 3.1.

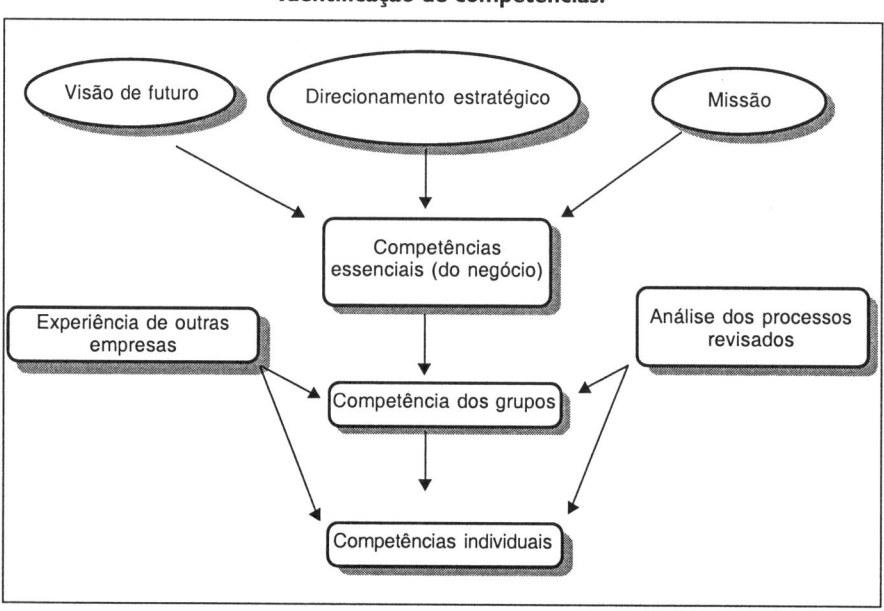

Figura 3.1
Identificação de competências.

Fonte: Adaptado de Wood (1999).

Tabela 3.1
Vincular as Competências a Estratégias

Visão	Competências Individuais
Mais confiável	Orientação a serviços ao cliente, ouvir e responder, comprometimento organizacional
Sensível e prestativo	Ouvir e responder, flexibilidade, compreensão interpessoal
Livre de erros	Preocupação com a ordem/qualidade
Sem quebra ou falta de cumprimento de promessas	Orientação a serviço ao cliente, preocupação.
Sem entrega atrasada ou incompleta	Orientação a serviço ao cliente, preocupação com a ordem/qualidade
Sem erros de processamento ou de cobrança	Ouvir e responder, preocupação com a ordem/qualidade
Sem falha no tempo de resposta ou respostas incompletas	Motivação de realização, busca de informações, pensamento analítico
MISSÃO	
Serviço personalizado	Orientação a serviços ao cliente, ouvir e responder, flexibilidade
Serviço ao cliente como modo de vida	Orientação a serviços ao cliente, comprometimento organizacional, motivação de realização
Ganho pessoal e crescimento profissional	Desenvolver trabalho de equipe e cooperação
Propriedade da visão	Comprometimento organizacional, trabalho em equipe e cooperação
VALORES COMPARTILHADOS	
Integridade em nossas ações	Orientação a serviços ao cliente, comprometimento organizacional, autocontrole
Respeito mútuo	Trabalho em equipe, cooperação, autocontrole, compreensão interpessoal
Cooperação	Trabalho em equipe e coordenação, flexibilidade, comprometimento organizacional
Profissionalismo	Ouvir e responder, autocontrole, compreensão interpessoal, desenvolver outros

Fonte: Adaptado de Flannery (1997).

A Tabela 3.1 apresenta um exemplo de extração de competências individuais a partir de elementos estratégicos. Existem diversas metodologias para identificação e desdobramento de competências, as quais normalmente se agrupam em abordagem de extração, abordagem construtivista ou uma combinação de ambas.

Abordagem de extração ➡ a definição é realizada a partir da dedução de quais competências seriam necessárias para consecução dos elementos estratégicos, tais como visão, missão, valores e até modelo de negócio e processos. Normalmente, esta extração é desenvolvida

> por profissionais especializados e submetida à apreciação de um grupo de decisão.
>
> **Abordagem construtivista** ➡ reúne-se um grupo de *stakeholders*, que, seguindo um roteiro estruturado, define, de forma participativa e customizada, as competências necessárias a determinada empresa ou unidade.

Em ambas as abordagens, as etapas básicas são identificação, análise, síntese, priorização e definição detalhada do conceito de cada uma das competências.

Descrever as competências essenciais da organização em forma de comportamentos, características (aqui organizacionais ao invés de pessoais), habilidades e conhecimentos permite detalhar um cenário ou visão mais clara do que é buscado para ela, pois leva a um melhor entendimento e alinhamento do contexto organizacional.

A definição cria condições referenciais que possibilitam orientar todo o desenvolvimento organizacional para tornar as competências constituídas em realidade. Isso ocorre através dos elementos de Gestão Humana e suas práticas, tais como:

> - treinamento e desenvolvimento;
> - liderança;
> - sistemas de recompensa;
> - desenvolvimento de cultura.

Incluem-se também outras variáveis de desenvolvimento organizacional, como processos, sistemas de informação, tecnologia, dentre outras.

Definidas as competências necessárias à consecução dos objetivos estratégicos, do padrão conceitual de conhecimentos, comportamentos, habilidades e características organizacionais, os conteúdos de cada uma dessas partes do conceito irão direcionar todos os demais elementos do modelo, bem como suas respectivas práticas, políticas, ações, sistemas ou processos.

As competências individuais são definidas através das atividades de descrição de cargos, aprofundadas no elemento "aplicar competências", utilizando-se também como referências as listas de competências organizacionais e de grupos, em um processo de desdobramento. As mesmas serão entradas para os elementos "prover", "compensar" e "desenvolver competências", conforme será detalhado para cada um.

3.2 Prover competências

Esse elemento provê as competências necessárias através da disponibilização de pessoas na organização. Inclui o sistema de recrutamento e seleção e a contratação de terceirizados.

O elemento possui sistemas ou processos clássicos de recrutamento, seleção e integração de pessoal (Figura 3.2), além de práticas como avaliação de potencial e plano de sucessão.

Neste item, será caracterizada a adaptação destes processos e práticas ao contexto do modelo e, principalmente, ao conceito de competência.

Planejamento de pessoal – deve considerar as competências definidas pelo elemento de direcionar as competências e estabelecer os perfis específicos para os principais cargos desejados, definindo a quantidade de pessoas a serem contratadas e/ou realocadas. Os perfis aqui não são estabelecidos de forma genérica, e sim detalhados para os principais cargos. Desta forma, os novos entrantes contribuirão para redução da lacuna entre a organização desejada e a atual, agindo também como catalisadores da mudança organizacional. Isso ocorre através da influência pessoal que cada novo integrante começa a ter na empresa, atuando na dinâmica organizacional através de seus comportamentos, conhecimentos, habilidades e características pessoais.

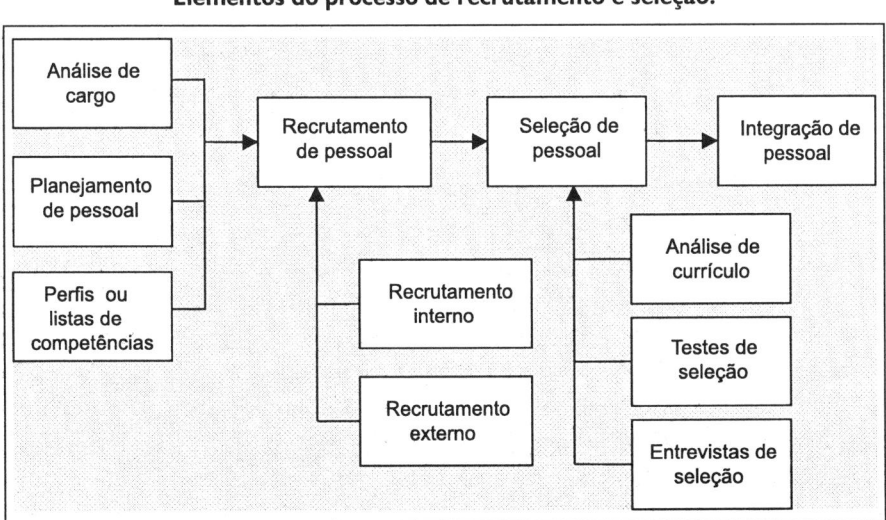

Figura 3.2
Elementos do processo de recrutamento e seleção.

Fonte: Adaptado de Pontes (1996).

Integração – quando existe uma lacuna muito grande entre a organização desejada e a atual, o processo de entrada de novos integrantes traz fortes conflitos interpessoais à organização. Isso torna necessário que o seu gerenciamento seja feito através de líderes, que, reconhecendo esse natural conflito e o novo estado organizacional desejado, procuram amortecer seus potenciais efeitos danosos. Um aspecto fundamental da integração é o esforço de internalização, ou, em outras palavras, a venda constante dos valores organizacionais para os novos integrantes.

Conforme será aprofundado na descrição do elemento "comprometer competências", as práticas constantes e intencionais de combinação dos valores dos indivíduos com os valores da organização são um aspecto fundamental no modelo que procura ir além da direção do homem que pensa, ou seja, para o homem que pensa e sente.

Desta forma, nos processos de integração, merecem destaque as práticas de gerenciamento do conflito interpessoal dos novos entrantes com os já estabelecidos, realizadas através dos líderes e das práticas de internalização dos valores organizacionais.

Recrutamento e seleção – um aspecto importante desses sistemas é o fato de adotarem técnicas e ferramentas que utilizam plenamente as quatro partes do conceito de competência. Procuram assim a melhor adequação de requisitos do cargo, proporcionada pela sua análise, frente ao perfil do profissional selecionado. Embora esta declaração pareça óbvia, deve-se considerar que não existe um consenso e até um entendimento funcional e sistêmico do conceito de competência na literatura e prática empresarial. Também é raro, para não se dizer inexistente, um processo de recrutamento e seleção que atue plenamente nas quatro partes do conceito. Isso decorre do fato de que a eficácia e a eficiência de técnicas e ferramentas para identificar o comportamento e as características pessoais dos candidatos têm sido uma barreira a ser transposta pelos profissionais especialistas na área. Dessas técnicas e ferramentas, destaca-se o PI – *Predictive Index*,[1] desenvolvido pelo professor de Harvard, Arnold Daniels, que tem tido comprovada eficácia e eficiência no atendimento deste desafio, conforme será aprofundado no elemento "comprometer competências".

Ainda no processo de seleção, é crucial que seja identificado se os valores e objetivos pessoais dos indivíduos combinam ou se interpõem com os objetivos e com o contexto da organização. Esta é uma das principais condições

---

[1] Trata-se de uma avaliação comportamental computadorizada aplicada através de questionário, cuja análise apresenta as características de personalidade predominantes como a extroversão, a paciência e a formalidade de uma pessoa.

para que se estabeleça o comprometimento voluntário não só das competências, mas também de outros elementos mais profundos do ser humano com a organização que pretende ingressar.

Essas mesmas orientações valem para as práticas de avaliação de potencial e plano de sucessão. Não adianta em um plano de sucessão, por exemplo, mapear para uma carreira gerencial para um técnico que deseja continuar como técnico. Da mesma forma, é preciso avaliar mais profundamente se ele possui as competências necessárias, em termos de características pessoais e comportamentos, para assumir tal carreira.

3.3 Aplicar competências

Esse elemento tem por objetivo aplicar adequadamente as competências das pessoas na organização. Inclui práticas como reestruturação organizacional, análise de cargos com elaboração de suas descrições e requisitos para seus ocupantes, além da realocação das pessoas para cargos mais adequados a suas competências, dentre outras.

Com a divisão do trabalho, surge a estrutura organizacional constituída por diversos cargos agrupados segundo pressupostos de melhor coordenação do trabalho. Cada cargo é parte integrante da estrutura organizacional e elo vital para que o trabalho da organização seja realizado com eficácia e eficiência.

Esse elemento inclui as práticas e os sistemas para o adequado desenho da estrutura organizacional, bem como para ter seus respectivos cargos desenhados de acordo. O desenho de cargo aqui é realizado de acordo com o conceito de competência. Ele inclui as atividades que são de responsabilidade do ocupante do cargo, seu nível de autoridade, além dos requisitos do ocupante do cargo em termos de competências, ou seja, os conhecimentos, as características pessoais, os comportamentos e as habilidades mínimas que são requeridos do ocupante para pleno exercício do cargo.

Exceto a análise e a descrição de cargos e seus requisitos, este elemento é pouco explorado nos estudos de recursos humanos no que se refere à proposição de práticas e sistemas. A descrição de cargos é um instrumento integrador e orienta os diversos elementos do modelo, bem como seus sistemas e práticas. Isso decorre do fato de ter formalizado em si, através da atividade "descrição do cargo", a competência esperada de cada um, é como se fosse uma especificação do que é esperado do exercício de cada cargo.

A descrição de cargo, ao incluir todas as partes do conceito de competência, além de definir quais as atividades ou responsabilidades que devem ser realizadas pelos ocupantes, bem como o nível de autoridade do cargo, passa a ser utilizada por diversos outros elementos do modelo, bem como seus sistemas e práticas.

O elemento "prover competências", através das práticas e dos processos de recrutamento e seleção, utiliza a descrição de cargo como referencial para atração e seleção dos candidatos. Pode-se desdobrar dessa referência um perfil ideal do candidato a ser utilizado em seus processos.

O elemento "manter competências", através de suas práticas e sistemas de remuneração fixa, utiliza intensamente a descrição de cargos, para, através de processos de avaliação dos mesmos, elaborar uma estrutura salarial.

O elemento "desenvolver competências" utiliza intensamente a descrição de cargo para, através de uma análise de *gap*[2] de suas características e do perfil atual do ocupante do cargo, estabelecer ações de educação, treinamento e desenvolvimento.

Dessa forma, a descrição de cargo, neste modelo, torna-se um dos instrumentos-chave da integração dos elementos e suas respectivas práticas e sistemas.

Práticas fundamentais no desenvolvimento de competências são as metodologias de estruturação ou reestruturação organizacional nas quais normalmente se definem a divisão de cargos e seus agrupamentos hierárquicos. Dessas práticas, bastante exploradas na literatura, embora raramente integradas à gestão humana, recomenda-se[3] o Modelo de Reestruturação Organizacional por Processos. A razão dessa proposta está no fato de ser uma metodologia integrada aos conceitos de gestão humana e desenvolvimento organizacional, apresentando uma abordagem processual na definição e nos agrupamentos dos cargos. Esta prática facilita a coordenação do trabalho se comparada a outras formas de agrupamento, como, por exemplo, as funcionais.

Através do Modelo de Reestruturação Organizacional por Processos, uma melhor sinergia é alcançada, e esta é uma das propostas do Modelo de Gestão Humana. A metodologia de estruturação ou reestruturação organizacional utilizada deve ser amplamente integrada ao modelo de gestão humana adotado. Além disso, o processo deve ser conduzido, no mínimo, com a participação ativa dos profissionais de recursos humanos.

Nas metodologias de estruturação ou reestruturação organizacional, é comum realocar as pessoas nos cargos, o que deve ser feito com base no conceito de competência. Desse fato, surge a importância de existir um profissional de recursos humanos participando do processo, além de procurar

---

[2] Diferença entre o planejado e o que se constata efetivamente, entre o ideal e o real.
[3] Proposta por Seiffert (1998).

integrar a metodologia de reestruturação adotada com o Modelo de Gestão Humana para Empresas Intensivas em Capital Intelectual.

Mesmo que seja utilizada uma metodologia de estruturação organizacional que não enfoque processos organizacionais[4], o mais importante para o adequado funcionamento deste modelo é que a metodologia para definição dos cargos e seus agrupamentos hierárquicos utilize plenamente o conceito de competência.

Uma prática extremamente importante no desenvolvimento de competências é a revisão periódica formal ou informal da adequação/identificação das pessoas com seus cargos. Após os processos de recrutamento e seleção, ou até em casos de transferência interna, sempre existe a possibilidade da falta de adaptação ao cargo, seja pela incompatibilidade de expectativas, quanto ao melhor uso de suas competências, seja, de forma mais subjetiva, pela não adaptação ao estilo de liderança do chefe.

A prática de avaliar se o ocupante do cargo está identificado com seu cargo pode ser realizada de diversas maneiras: formalmente, através do processo de avaliação de competências, conforme será descrito no elemento "avaliar competências"; informalmente, através da simples conversa entre chefe e subordinado, abordando se a pessoa está satisfeita com o exercício do novo cargo. Caso ela esteja insatisfeita, uma ação de melhoria deve ser deflagrada. Dependendo da causa de insatisfação, existem as seguintes alternativas: transferência para outro cargo, ampliação ou redução de responsabilidades, mudança de atribuições e treinamento.

Uma ferramenta eficaz para avaliar se as características pessoais do indivíduo estão sendo aproveitadas é a do *Predictive Index* – PI. Esse instrumento possibilita avaliar se, na opinião da pessoa, suas características pessoais de personalidade estão sendo aproveitadas e se ela se sente realizada com o tipo de trabalho que exerce.

Não é raro uma empresa necessitar de determinadas competências, tê-las disponíveis em seu quadro de pessoal e contar, também, com a saída de pessoas da empresa por não exercerem tais competências. Assim, é muito importante a prática de avaliar, periodicamente, se o indivíduo está satisfeito com seu cargo, tanto em termos de retenção de talentos como de melhor uso de suas competências.

Igualmente importantes são as práticas de orientação ou reorientação de carreira. Elas procuram realizar a conexão entre competências necessitadas pela organização no futuro e a vontade de desenvolvimento de competências

---

[4] Diferente da proposta por Seiffert (1998).

que o indivíduo projeta para si, o que pode ser realizado por práticas formais de orientação de carreira. Normalmente, tais práticas se utilizam de entrevistas entre profissionais da área de recursos humanos ou são realizadas conjuntamente com práticas de avaliação de desempenho.

Em organizações que trabalham com projetos, é comum as pessoas procurarem participar de determinados projetos pela crença de que podem contribuir com suas competências e não conseguirem, pois a organização acredita que não tem essa competência disponível em seus quadros. Desta forma, a disponibilização de softwares que mapeiem competências das pessoas representa um recurso-chave para esse tipo de organização. Também é muito comum os indivíduos, dotados de determinadas competências, desenvolvidas muitas vezes em tempo não remunerado, quererem participar de projetos apenas para se auto-realizarem ou se sentirem prestigiados, e não conseguirem.

Assim, o elemento "aplicar competências" trata da integração entre as competências necessárias pelos cargos e as disponíveis nos indivíduos da organização, encarregando-se de sua adequada aplicação.

3.4 Compensar competências

É o elemento que inclui os sistemas e as práticas de compensação, tais como as remunerações fixa e variável, e os benefícios.

Na administração de salários, o conceito de remuneração por competências já é bastante desenvolvido e aplicado em empresas brasileiras, como, por exemplo, a Embraer.

Neste modelo de Gestão Humana, a remuneração por competências, que inclui a remuneração por habilidades, conhecimento, comportamento e características pessoais, através de seus estímulos, serve de sustentação e elo de interação com os demais elementos.

Para o modelo, sistemas como planos de remuneração baseados em competências, também denominados de novas abordagens ou abordagens modernas de remuneração, são amplamente recomendados. Tais sistemas devem ser utilizados de forma integrada a uma política compensatória (Figura 3.3) que inclua a parte fixa mais benefícios no composto de remuneração.

> *Por exemplo: uma organização pode ter como política de compensação um salário fixo e benefícios na média do mercado, tendo, entretanto, planos de remuneração variáveis mais agressivos como forma de manter e atrair uma força de trabalho qualificada e preservar um certo grau de flexibilidade para fazer face aos ciclos de demanda.*

Figura 3.3
Elementos da compensação.

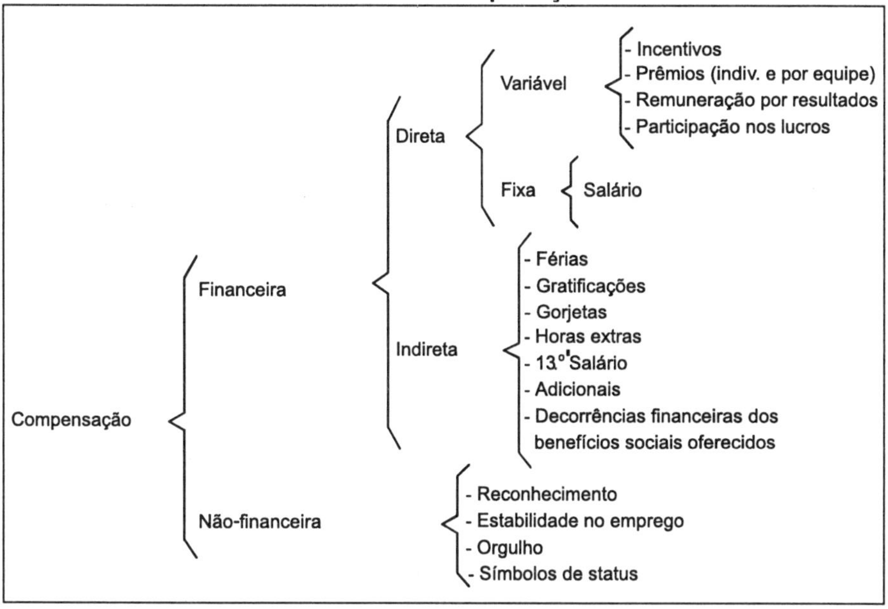

```
                                          ┌─ Incentivos
                              ┌─ Variável ─┤─ Prêmios (indiv. e por equipe)
                              │            ├─ Remuneração por resultados
                  ┌─ Direta ──┤            └─ Participação nos lucros
                  │           │
                  │           └─ Fixa ─── Salário
                  │
                  │                       ┌─ Férias
   ┌─ Financeira ─┤                       ├─ Gratificações
   │              │                       ├─ Gorjetas
   │              │           ┌──────────┤─ Horas extras
   │              └─ Indireta ┤           ├─ 13.º Salário
Compensação ──┤                           ├─ Adicionais
   │                                      └─ Decorrências financeiras dos
   │                                         benefícios sociais oferecidos
   │
   │                         ┌─ Reconhecimento
   └─ Não-financeira ────────┤─ Estabilidade no emprego
                             ├─ Orgulho
                             └─ Símbolos de status
```

Fonte: Adaptado de Chiavenato (1997).

Assim, de forma combinada aos benefícios e à remuneração fixa, recomenda-se o forte uso de sistemas de remuneração variável, o que é coerente com o princípio de combinar interesses do modelo de Gestão Humana.

A escolha da melhor composição de política compensatória, incluindo plano de remuneração por competência, benefícios e os respectivos tipos de remuneração variável para cada grupo funcional, depende dos objetivos estratégicos da organização e de como as práticas e os sistemas do elemento irão adequar-se às práticas e aos sistemas já existentes nos demais elementos. "Compensar competências" é um elemento mais influenciador do que influenciado.

Esse elemento, através do sistema de remuneração fixa, do tipo plano de carreira ou remuneração por competência, possui forte relação com os elementos "prover", "desenvolver" e "gerenciar competências". Isso decorre do fato de ele fornecer um horizonte de carreira correlacionado a:

- conhecimentos;
- características pessoais;
- comportamentos;
- habilidades.

Todos esses itens devem estar ao longo de uma linha coerente de desenvolvimento ou grau de dificuldade e suas respectivas faixas salariais. O plano acaba por estabelecer os requisitos mínimos e máximos de um cargo, que podem ser utilizados pelos elementos de "prover" e "desenvolver competências", por exemplo.

O elemento "gerenciar desempenho de competências" também utiliza o referencial de evolução de competências de um cargo já estabelecido no plano de remuneração. Isso ocorre porque, em algumas práticas de avaliação de desempenho, aproveita-se para checar o quanto um indivíduo exerce plenamente as competências de sua faixa salarial no respectivo cargo, já direcionando o aumento salarial seguinte, caso necessário e se em conformidade com a política salarial definida.

Toda a designação de competências para cada cargo e suas respectivas faixas salariais é direcionada ou referenciada pelas competências organizacionais definidas pelo elemento "direcionar competências". Desta forma, é estabelecida uma forte e sistemática ligação entre as competências individuais e organizacionais. A mesma lógica vale para os sistemas de remuneração variável e benefícios, os quais intencionalmente procurarão estabelecer incentivos que promovam e fortaleçam as competências e as performances da organização, através de melhor compensação dos indivíduos que aderem ao sistema. Aqui, também são incluídas políticas compensatórias não-financeiras que seguem o mesmo raciocínio das demais, só que, neste caso, através de símbolos e recompensas não-monetárias.

Desta forma, os sistemas e as práticas deste elemento são poderosos meios de direcionamento e incentivo das competências individuais desejadas para cada cargo. Tais sistemas e práticas fortalecem os valores e as crenças organizacionais, pois o fato de uma pessoa praticar efetivamente os valores e as crenças de uma organização pode ser uma condição básica para que ela avance em sua carreira, principalmente na posição de liderança.

3.5 Desenvolver competências

Tem por objetivo desenvolver as competências que ainda não estão disponíveis na organização, mas foram detectadas como necessárias através do elemento de direcionar competências, por exemplo.

Os sistemas e as práticas de educação, treinamento e desenvolvimento (ETD) são necessárias na busca do desenvolvimento de competências. Seu uso envolve quatro etapas:

1ª – diagnóstico da situação;
2ª – decisão quanto à estratégia;
3ª – implementação ou ação;
4ª – avaliação e controle.

A abordagem utilizada poderá ser tanto centralizada num órgão especializado, quanto descentralizada, realizando-se estas etapas mais próximas ao setor onde está situado o funcionário.

No modelo, os sistemas e as práticas diferenciam-se principalmente na abordagem, mas focam prioritariamente, como objeto de ação, as competências que são trazidas como requisitos para os sistemas de ETD por outros elementos do modelo.

As principais fontes ou entradas para os sistemas de ETD, por elementos do modelo, são:

- **direcionar competências** – ao definir quais competências organizacionais, de um departamento ou grupo funcional. Aqui, planos de ETD podem ser estabelecidos tomando-se como referencial as competências organizacionais que determinado conjunto de indivíduos deveria ter, mas que, em uma simples análise, identifica-se como uma lacuna a ser preenchida;
- **compensar competências** – através de seu sistema de remuneração fixa ou plano de carreira, pois estrutura as competências de forma lógica, em grau de dificuldade e desenvolvimento, correlacionada à remuneração. Acaba criando um importante referencial de que competências o indivíduo deverá se capacitar para progredir na carreira;
- **gerenciar desempenho de competências** – como resultado da maioria das práticas e sistemas de avaliação surgem *feedbacks* e orientações de competências a serem desenvolvidas. Um exemplo é a avaliação 360º[5], que permite avaliar o nível de atendimento dos comportamentos desejados;
- **liderar competências** – dada a importância deste elemento no modelo e seus objetivos, é recomendado que cada organização possua formalmente um sistema de desenvolvimento específico para formação de lideranças. Esses programas tomam como principal

---

[5] Avaliação que traz as percepções de superiores, subordinados, colegas e clientes do funcionário.

> referência o perfil de liderança desdobrado no elemento "direcionar competências".

Por trazer uma abordagem por competências e integrada a um modelo mais amplo, os sistemas e práticas de ETD tornam-se mais sinérgicos e eficazes. Isso decorre do fato de que passaram a ter clara conexão com os objetivos, estratégias da organização e atividades de desenvolvimento organizacional. Por utilizarem as competências como objeto de ação, passam a adotar uma ação mais integrada, focando não somente habilidades ou conhecimentos, mas também comportamentos e características pessoais. Focar as competências como objeto facilita ainda a avaliação da eficácia e da eficiência das práticas e dos sistemas de ETD.

3.6 Gerenciar desempenho de competências

Tem por objetivo planejar, avaliar, definir e implantar ações para melhorar o desempenho das competências das pessoas. Envolve práticas e sistemas de planejamento e avaliação do desempenho.

Neste modelo, as práticas e os sistemas são utilizados de acordo com o conceito de gestão de desempenho, o qual significa um processo de planejamento, acompanhamento, avaliação e melhoria do desempenho (Figura 3.4).

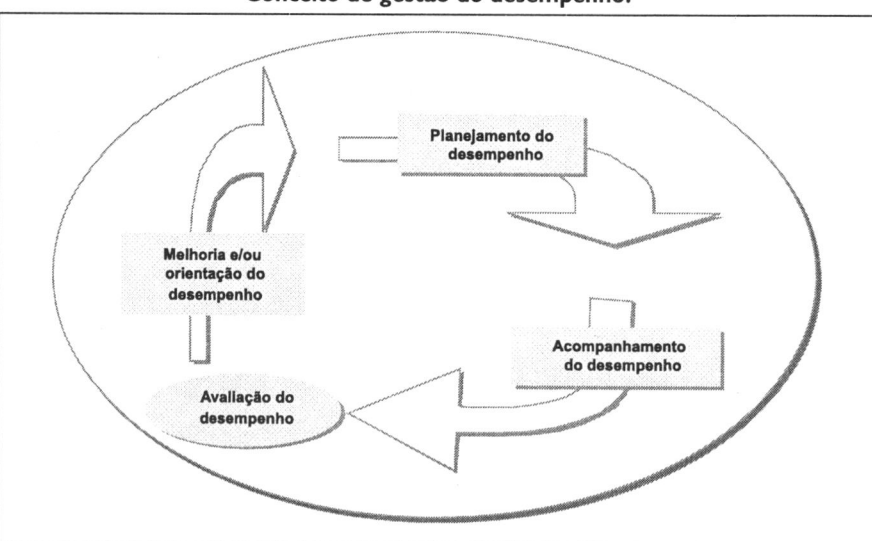

Figura 3.4
Conceito de gestão do desempenho.

Fonte: Adaptado de Stoffel (1997).

No modelo, um dos objetivos principais é o de ampliar a eficácia das competências individuais, através da melhoria dos resultados organizacionais, além de promover o desenvolvimento humano, visando a ampliar a eficácia de suas competências. Assim, são utilizadas práticas como, por exemplo, planejamento de metas a serem alcançadas. São igualmente utilizadas práticas como a avaliação do nível de competências, utilizando-se como referência o plano de carreira, o qual apresenta o nível de evolução das competências para determinado cargo de acordo com o grau de dificuldade e devidamente correlacionado à progressão salarial. São utilizadas práticas como a avaliação 360°, considerada extremamente útil para avaliação de fatores subjetivos e que necessitam de avaliação por observação social, tais como comportamentos.

As práticas de gestão e avaliação de desempenho fornecem subsídios para diversos outros elementos do modelo, como exposto na Tabela 3.2.

Tabela 3.2
Relação entre Sistemas

Elemento do Modelo	Objetivo ou Aplicação
Compensar competências	- reconhecimento e premiação; - aumento de salário; - distribuição de bônus e/ou lucros; - promoção na carreira.
Desenvolver competências	- planos de ETD individuais ou de grupos; - orientação comportamental.
Comprometer competências	- alinhamento dos objetivos do indivíduo e organização.
Liderar competências	- avaliação das lideranças e estabelecimento de planos específicos de desenvolvimento; - orientação e comunicação ao liderado de quais resultados são prioritários.
Aplicação de competências	- planejamento dos resultados a serem alcançados em determinada área ou até cargo.

Assim, por subsidiar com informações os outros elementos do modelo, para que estes possam executar parte de suas práticas e sistemas, o elemento "gerenciar desempenho" atua naturalmente como elo integrador dos demais elementos do modelo, devendo, por isso, sempre ser implantado e planejado tendo em vista a sua necessidade de integração.

3.7 Monitorar competências

Busca monitorar as competências disponíveis e utilizadas na organização. Inclui os sistemas de informações e os bancos de dados relacionados à gestão humana. Refere-se ao banco de competências, currículo e histórico de desempenho, bem como indicadores de eficácia e eficiência das práticas e dos sistemas de gestão humana.

Esse elemento é responsável por coletar dados e informações, distribuindo-os para todos os demais elementos, e atua, também, como integrador entre eles. Nessa atribuição, é fundamental que o banco de dados a ser estruturado seja modelado de acordo com o conceito de competência, ou seja, facilite a armazenagem e o acesso do conteúdo classificado em conhecimentos, comportamentos, habilidades e características pessoais.

3.8 Comprometer competências

Tem por objetivo possibilitar a ampliação do comprometimento das pessoas na organização. Inclui práticas como pesquisa de clima, desenvolvimento da cultura e valores da organização, combinação intencional dos objetivos das pessoas com os objetivos da organização, além de definição de projetos e ações para ampliar o grau de satisfação, motivação e comprometimento das pessoas.

Este elemento atua intencionalmente no sentido de integrar objetivos e interesses entre indivíduo e organização. Adota, desta forma, um enfoque misto baseado nos conceitos de comprometimento originários das teorias organizacionais, abrangendo as abordagens: instrumental e calculativa, afetiva e normativa.

Na **abordagem instrumental e calculativa**, caracterizada como a tendência de o indivíduo se engajar em linhas consistentes de atividades devido aos custos ou aos incentivos associados a agir de forma esperada, os desenhos dos sistemas e das práticas do elemento "compensar competências" são configurados a fortalecer os comportamentos desejados através de um claro sistema de compensação.

A **abordagem afetiva** é caracterizada como a força relativa de identificação do indivíduo com uma organização. Traduz-se em uma forte crença e aceitação dos objetivos e dos valores da empresa e um grande desejo de se esforçar pelo seu sucesso e permanecer nela como membro. Origina práticas como o desenvolvimento e a difusão cultural, a seleção de indivíduos que possuem forte predisposição de se identificar com a organização, os sistemas de avaliação e compensação por alinhamento cultural. São exemplos marcantes as empresas *General Electric* e a *Rhodia*, que avaliam o quanto seus executivos se comportam de acordo com os valores e princípios organizacionais, além dos resultados, dentre outros. Utilizando-se os referenciais de motivação intrínseca[6], o elemento procura conquistar o "coração" dos indivíduos.

---

[6] Intrínseca porque dado um estímulo sempre cabe ao ser humano dotá-lo de significado e aceitá-lo ou não (Bergamini, 1997).

A **abordagem normativa** é caracterizada como a totalidade de pressões normativas internalizadas pelo indivíduo para que se comporte congruentemente com os objetivos e interesses da organização. Inclui todas as práticas participativas de busca de consenso, até os processos de comunicação que procuram clarificar as razões por que determinada decisão foi tomada. Desta forma, nesta abordagem, procura-se buscar um máximo de consenso, ou máximo de entendimento, dadas as limitações de cada situação. Isso ocorre conforme as seis esferas de consentimento[7]:

- dos valores;
- dos objetivos da organização;
- das normas ou táticas;
- da participação na organização;
- das obrigações de performance/desempenho;
- das perspectivas de conhecimento dos fatos.

Esses consensos são fundamentalmente buscados através do exercício da liderança e dos processos de comunicação. A busca desse consenso é feita pelos líderes através de práticas participativas em que os liderados também têm a oportunidade de influenciar as suas realidades. Isso ocorre ao atuarem como agentes ativos neste processo de interação, comunicando-se, expressando seus anseios, necessidades e até sugestões de como alcançar os objetivos em questão.

Em um contexto de tipologia organizacional do tipo economia burocrática profissional, este elemento reconhece a necessidade de trabalhar a abordagem instrumental-calculativa. Isso ocorre pela ineficácia de curto prazo das abordagens afetivas, uma vez que o coração e a confiança são conquistados aos poucos. Todavia, não se furta ao desafio de conquistar tais corações. Assim, a abordagem instrumental é vista como uma etapa necessária ao alcance de um estágio mais profundo de comprometimento caracterizado por forte motivação intrínseca. Este elemento também busca, intencional e sistemicamente, ampliar o exercício de um comportamento ético no ambiente de trabalho. Sem uma base, um telhado não se sustenta, mas sem um telhado uma base não se realiza ou se perde. Assim, as práticas instrumentais possuem como parâmetro ou princípios de estruturação os valores organizacionais e são estruturadas para fortalecê-los e sustentá-los. Isto se contrapõe a críticas reducionistas que procurariam associar a abordagem instrumental como simples práticas de reforço e recompensa.

---

[7] Assinaladas por Linkert (1974).

O elemento "comprometer competências" possui, a exemplo dos demais elementos, forte papel de integração, interação e sinergia com os demais componentes do modelo. Como já comentado, o elemento compensar será desenhado procurando fortalecer os valores e comportamentos desejados. Além disso, o elemento gerenciar desempenho terá, em suas práticas de avaliação, etapas formais nas quais se procura abordar os objetivos de longo prazo e de desenvolvimento dos indivíduos, bem como combinar isto com os objetivos da organização. O mesmo ocorre com o elemento "aplicar competências". Também é necessário reforçar que o elemento "comprometer" é um processo lento de conquista do coração e confiança do indivíduo, e, nesse sentido, liderar competência tem um papel fundamental.

Uma ilustração da integração entre interesses ou entre objetivos individuais e organizacionais pode ser visualizada na Figura 3.5.

Os sistemas e as práticas deste elemento possuem dois tipos de abordagem: a grupal e a individual.

A **abordagem grupal** tem sua expressão maior na gestão de clima organizacional. Essa gestão inclui todo o processo que começa na realização de pesquisa de clima, passando pela análise, definição de projetos e planos

Figura 3.5
Integração interesses/objetivos individuais (OI) e objetivos organizacionais (OO).

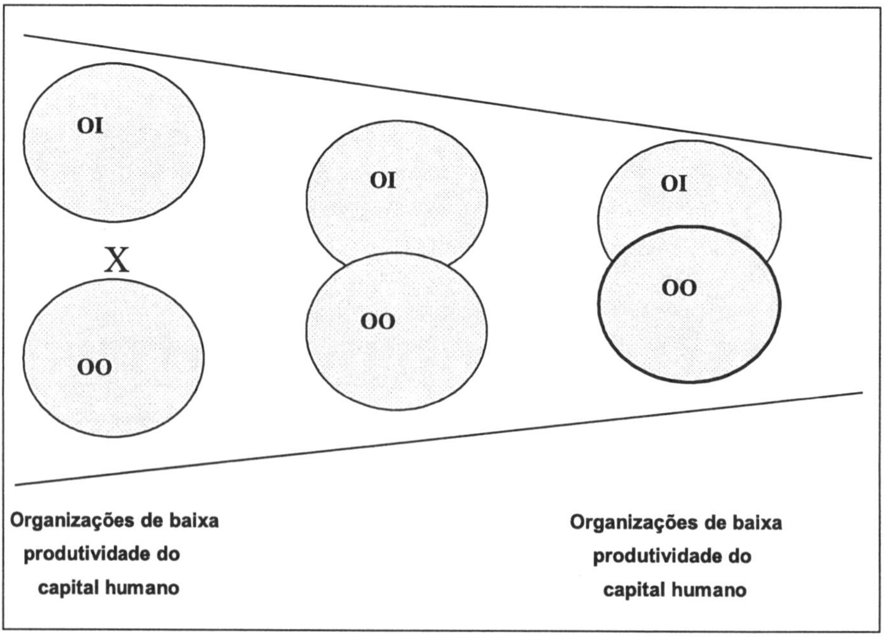

de ação para melhorar o clima organizacional, até a avaliação da eficácia desses projetos e ações com a conseqüente redefinição de melhorias.

Uma síntese dos diversos tipos de abordagem para realização de pesquisa de clima pode ser visualizada na Tabela 3.3.

Neste modelo, os projetos, as políticas e as ações corretivas ou de melhoria, definidos a partir das pesquisas de clima, são práticas de comprometimento. Isso decorre do fato de todo o seu foco ter por objetivo melhorar o nível de informação, motivação e, principalmente, comprometimento das pessoas. Os projetos procuram combinar intencionalmente ao máximo o objetivo dos indivíduos e dos grupos com os objetivos organizacionais de eficácia e eficiência. A Tabela 3.4 apresenta de forma simplificada esta lógica, em que sistemas e ações de gestão humana são implantados para possibilitar que a satisfação das necessidades humanas se alie com as necessidades da empresa.

Assim, recomenda-se implantar neste elemento um sistema que, contínua e periodicamente, se ocupe da função principal de combinar os interesses do indivíduo e da organização, no limite do possível. Este sistema deve ocupar-se, também, em melhorar o clima organizacional e ampliar o grau de satisfação dos indivíduos, conforme esboçado na Figura 3.6.

Esse sistema, cujos ciclos podem ocorrer a cada ano, ou no máximo a cada dois, desenvolve-se através de práticas como pesquisa de clima. Considerando os objetivos e o contexto organizacional, procurará desenhar projetos e ações que busquem combinar interesses, além de melhorar o clima organizacional. Definidos os projetos, as ações ou os planos, seguem-se as etapas de implantação, avaliação da eficácia do que foi implantado e ações de melhoria para assegurar a eficácia das mesmas.

A abordagem individual inclui os sistemas e as práticas que procuram identificar, de forma clara e técnica, as características pessoais motivacionais de cada indivíduo. Também identifica seus declarados interesses profissionais, visando a combiná-los aos objetivos organizacionais.

Utilizando-se da conceituação de motivação e de estilos comportamentais, o professor Arnold Daniels desenvolveu o *Predictive Index* – PI. Trata-se de uma ferramenta de pesquisa organizacional que avalia as necessidades motivadoras e os comportamentos voltados ao trabalho de cada indivíduo. O PI consegue mapear as características motivacionais do indivíduo traçando seu perfil incluindo seus direcionadores motivacionais intrínsecos (necessidades, comportamentos, impulsos, aptidões e estilos). A ferramenta baseia-se no preenchimento de um questionário por parte da pessoa analisada, no qual são explorados dois temas: como ele se percebe e como ele acredita ser percebido em seu ambiente de trabalho. Tabulado o questionário, é emitido

Tabela 3.3
Seis Abordagens para a Pesquisa do Clima Interno

Versão dada ao clima interno	Aspecto focalizado	Fonte teórica para referência	Técnicas de pesquisa	Objetivos da pesquisa
A1	Acontecimentos externos e ações administrativas da empresa	Teorias de gerência	Entrevistas com dirigentes, empregados e outros públicos	• Conhecer a eficácia das medidas tomadas pela empresa; • Compreender os efeitos dessas medidas sobre os públicos atingidos por elas.
A2	Crenças e valores da cúpula (cultura "oficial" da empresa)	Cultura corporativa (antropologia empresarial)	Observação; Análise documental; Entrevistas com dirigentes, empregados e outros públicos; Estudo de casos	• Conhecer a eficácia das medidas tomadas pela empresa; • Reconhecer traços da cultura corporativa nas medidas tomadas pela empresa; • Identificar aspectos da cultura corporativa que facilitam ou que dificultam a implementação das medidas tomadas.
A3	Comportamentos diversos dos empregados	Psicologia/sociologia (comportamentos, atitudes e opiniões dos empregados)	Questionários; Entrevistas individuais; Testes projetivos; Observações; Sessões em grupo	• Conhecer interpretações e sentimentos dos empregados; • Identificar estratégias apropriadas para uso da empresa em relação aos seus empregados.
A4	Ações coletivas planejadas pelos empregados	Sociologia/política	Entrevistas; Estudo de casos; Observação	• Identificar características da atuação política dos empregados: interesses e valores em jogo, organização adotada, lideranças, propostas e fóruns de negociação; • Analisar propostas específicas de negociação.
A5	Ações coletivas espontâneas dos empregados	Psicologia de massa	Entrevistas; Painéis de debates; Observação e análise incidentes críticos	• Compreender o processo coletivo havido, suas causas, efeitos e possíveis conseqüências; • Identificar estratégias a serem empregadas pela empresa a respeito; • Preparar a organização sobre como atuar em relação a eventuais repetições do fenômeno.
A6	Comportamentos habituais dos empregados (cultura da empresa)	Cultura corporativa (antropologia empresarial)	Observação; análise de incidentes críticos; Entrevistas	• Identificar traços da cultura vigente na empresa, a partir dos comportamentos típicos dos empregados; • Identificar aspectos da cultura que facilitam ou dificultam a disseminação da cultura "oficial" na empresa.

Fonte: Baseado em Oliveira (1995).

Tabela 3.4
Relação entre Necessidades Humanas, Necessidades da Empresa e Sistemas de Gestão

Necessidades Humanas	Sistemas/Ações de Gestão Humana	Necessidades da Empresa
Fisiológicas	Plano de Cargos e Salários Sistema de Remuneração Variável	Redução dos conflitos Resultados - Flexibilidade
Segurança	Política de Estabilidade Plano de Carreira Sistema de Remuneração Variável Sistemas de Educação e Treinamento	Engajamento nas mudanças Plano de vida = Desenv. Empresa Resultados - Flexibilidade Aumento da qualificação e das habilidades dos colaboradores
Sociais	Recrutamento e Seleção Programas Participativos (5S, CCQ, Sugestões) Planos de Cargos e Salários	Seleção de talentos Uso da inteligência do grupo Redução dos conflitos e da perda de tempo dos gestores
Ego ou Estima	Programas Participativos (5S, CCQ, Sugestões) Plano de Carreira Sistema de Remuneração Variável Sistema de Reconhecimento e premiação	Uso da inteligência grupal Plano de vida = Desenv. Empresa Resultados - Flexibilidade Fortificar prazer pelas conquistas
Auto-Realização	Rodízio de Pessoal Adequação à função Sistema de Gerenciamento do Desempenho Programas Participativos (5S, CCQ, Sugestões) Plano de Carreira Sistema de Remuneração Variável Sistema de Reconhecimento e premiação	Polivalência / Flexibilidade Produtividade individual Desenvolvimento do desempenho Uso da inteligência grupal Plano de vida = Desenv. Empresa Resultados - Flexibilidade Fortificar prazer pelas conquistas

um relatório do perfil da pessoa, que normalmente surpreende em termos de concordância da pessoa sobre que tipo de trabalho a motiva. O PI mapeia mais de 70 perfis comportamentais, e vem sendo aplicado e aprimorado desde 1955.

Ferramentas como o PI possibilitam ampliar o autoconhecimento dos indivíduos, e com o auxílio de um profissional de recursos humanos orientar a sua carreira, se necessário. Tais instrumentos trabalham com uma das mais fortes bases de comprometimento: a motivação intrínseca da pessoa.

Uma forma mais simplificada de adequação entre as características motivacionais do indivíduo e a realização de sua tarefa ocorre através da interação ou comunicação ativa entre chefe e subordinado. Nesse processo, são explorados interesses, motivações e objetivos do liderado, procurando no limite do possível integrar tais necessidades com os objetivos organizacionais. Semelhante aspecto reforça a importância do papel do líder neste modelo, o qual é aprofundado.

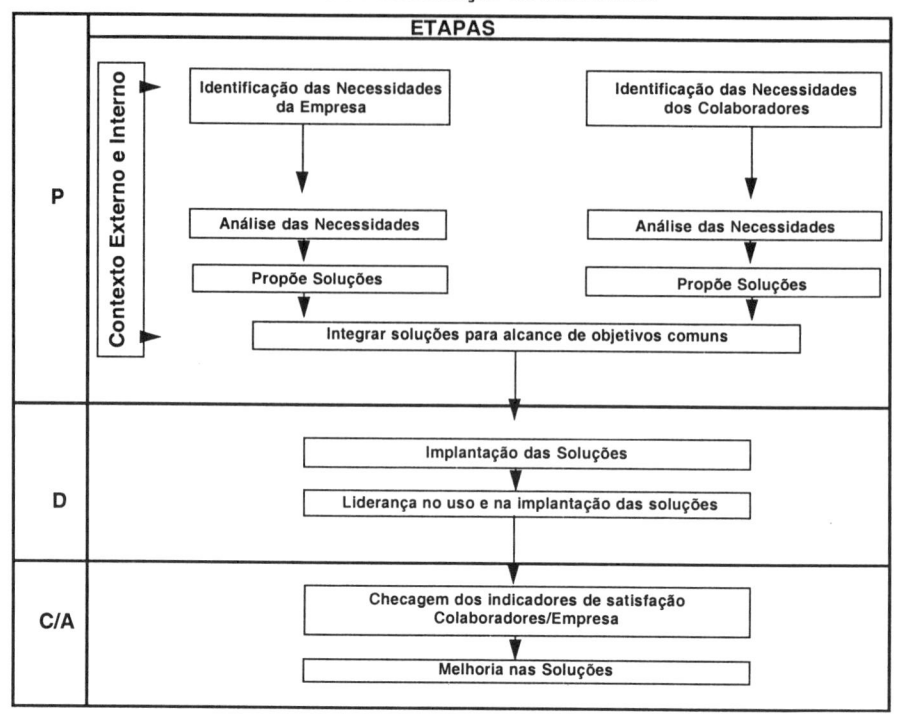

Figura 3.6
Sistema de combinação de interesses.

	ETAPAS
P	Contexto Externo e Interno → Identificação das Necessidades da Empresa → Análise das Necessidades → Propõe Soluções / Identificação das Necessidades dos Colaboradores → Análise das Necessidades → Propõe Soluções → Integrar soluções para alcance de objetivos comuns
D	Implantação das Soluções → Liderança no uso e na implantação das soluções
C/A	Checagem dos indicadores de satisfação Colaboradores/Empresa → Melhoria nas Soluções

3.9 Liderar competências

Liderar competências tem por objetivo fazer convergir as competências disponíveis na organização para seus objetivos e metas. Inclui os sistemas e as práticas de desenvolvimento de lideranças e o exercício diário de liderar as pessoas rumo aos objetivos organizacionais estabelecidos pelos líderes. Essa particularidade caracteriza-os como efetivos líderes que realizam a gestão de pessoas tendo como conceito operacionalizador a competência e como base sistêmica todos os demais elementos apresentados anteriormente.

A liderança é a expressão formal da organização, a personificação desta para o indivíduo. O comportamento, o estilo, os valores, as compensações subjetivas e as normas do grupo são claramente influenciados pelo líder e moldam explicitamente a cultura do grupo[8].

O líder é a expressão da organização e pode potencializar ou colocar todo esforço de recursos humanos a perder. Daí a importância de seu papel

---
[8] Schein (1985).

como elemento central e integrado ao modelo de gestão humana para empresas intensivas em capital intelectual, o qual surpreendentemente ainda não foi realizado nas teorias mais abrangentes de recursos humanos, que se preocupam com uma visão sistêmica. Obviamente, a importância e o papel do líder já foram proclamados, mas não de forma integrada e sistêmica aos elementos de um modelo mais amplo de gestão humana. Isso normalmente é tratado como um elemento à parte.

Os líderes são, em primeira instância, os grandes formadores da cultura real de uma organização, e o quanto eles exercem este papel mais próximos da cultura proclamada é a preocupação deste elemento.

Assim, como existe governança pública e corporativa, neste modelo são instituídas práticas de governança da liderança, que tem o exercício de seu poder controlado, avaliado e foco de transparência. Práticas como avaliação 360°, em que os líderes são avaliados pelos seus subordinados e pares, além de seu chefe, são essenciais.

Dada a importância dos líderes no modelo, propõe-se, na Figura 3.7, um sistema de desenvolvimento e avaliação dos líderes quanto ao seu alinhamento em termos de cultura e competências organizacionais.

Neste sistema, a partir das crenças e dos valores proclamados pela organização, bem como sua visão e estratégias e competências organizacionais definidas no elemento "direcionar competências", definem-se quais são as competências essenciais de liderança. Elas podem adquirir a forma de um perfil de liderança, destacando quais são os conhecimentos, os comportamentos, as características pessoais e as habilidades necessárias. A partir daí,

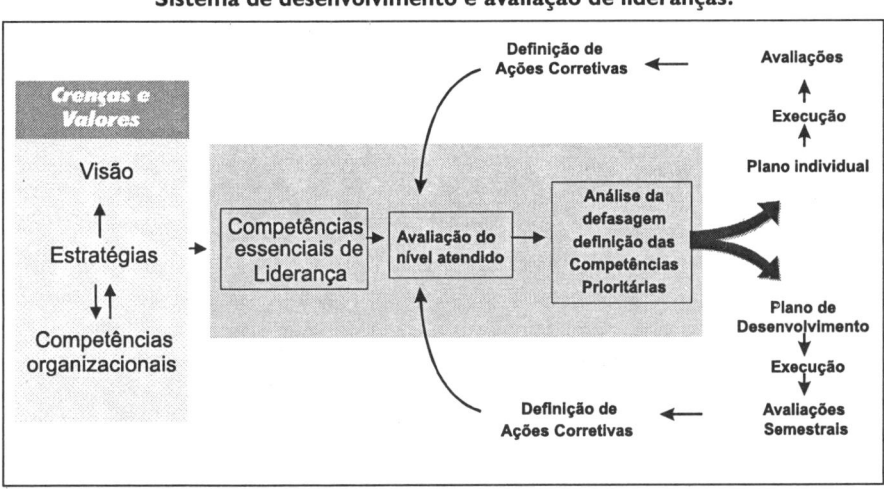

Figura 3.7
Sistema de desenvolvimento e avaliação de lideranças.

essas competências são avaliadas, gerando ações corretivas ou de melhoria, que são sintetizadas em planos individuais e coletivos de desenvolvimento, que, uma vez executados, acarretam uma nova avaliação. Desta forma, continuamente, cria-se um sistema de desenvolvimento de lideranças direcionado ao fortalecimento da cultura e de competências essenciais da organização. As avaliações propostas neste sistema são principalmente as que avaliam o comportamento, as do tipo 360°, mas outros tipos podem complementá-lo, desde que não deixem de atentar para o aspecto comportamental dos líderes, o que é atenção principalmente deste sistema de desenvolvimento e avaliação.

A principal ferramenta usada para facilitar o papel dos líderes neste modelo é o ciclo de liderança, MASE (Capítulo 4 – O Ciclo MASE de Liderança). Esse ciclo ajuda o líder a se lembrar das etapas básicas que ele deve considerar em um processo de liderança. Está plenamente integrado ao modelo no sentido de ampliar o grau de comprometimento e consentimento dos liderados, o que será tratado no próximo capítulo.

A síntese da relação entre os elementos e os principais sistemas e práticas no modelo pode ser observada na Tabela 3.5. Destaca-se que existem muitos outros sistemas e práticas, esta é apenas uma lista mínima para facilitar o entendimento.

Tabela 3.5
Elementos do Modelo e seus Principais Sistemas e Práticas

Elemento	Principais Sistemas e Práticas
Direcionar	• Desdobramento de competências; • Perfil do funcionário e/ou líder; • Competências essenciais e organizacionais; • Definição do papel prioritário de recursos humanos a ser enfatizado.
Prover	• Recrutamento; • Seleção; • Integração.
Aplicar	• Balanceamento entre competências disponíveis e as necessárias; • Reestruturação organizacional; • Desenho de cargo.
Compensar	• Sistema de remuneração por competências, remuneração variável, benefícios e outras compensações monetárias e não-monetárias.
Desenvolver	• Atividades de educação, treinamento e desenvolvimento. Planos de Desenvolvimento de grupos e indivíduos.
Gerenciar desempenho	• Avaliação por resultados, avaliação 360°, gerenciamento de desempenho.
Monitorar	• Sistemas de informação sobre competências dos indivíduos, softwares de armazenagem e relacionamento de dados.
Comprometer	• Integração entre necessidades dos indivíduos detectadas através de pesquisas de clima e necessidades da organização.
Liderar	• Sistema de desenvolvimento de lideranças mantém. Ciclo MASE.

3.10 Resumo

Neste capítulo, foi abordada a operacionalização do modelo de Gestão Humana proposto. Esta se caracteriza pela implantação dos principais sistemas e práticas que compõem cada um dos elementos do modelo: direcionar, prover, aplicar, compensar, desenvolver, gerenciar seu desempenho, monitorar, comprometer e liderar competências. **Direcionar competências** representa definir e desdobrar as competências organizacionais necessárias ao negócio por meio da visão de futuro, objetivos estratégicos, missão, estratégias, valores organizacionais e produtos/serviços. Representa orientar o desenvolvimento organizacional através de elementos da Gestão Humana e práticas como treinamento & desenvolvimento, liderança, sistemas de recompensa e desenvolvimento de cultura. **Prover competências** representa a disponibilização de pessoas na empresa, incluindo o sistema de recrutamento e seleção e a contratação de terceirizados. Envolve o planejamento de pessoal, considerando competências, integração, recrutamento e seleção. **Aplicar competências** preocupa-se com a adequação das mesmas, utilizando práticas de reestruturação organizacional, análise de cargos, realocação das pessoas e reestruturação organizacional por processos. **Compensar competências** inclui sistemas e práticas de compensação como remuneração fixa, variável e benefícios, buscando centralizar suas práticas nas competências. O horizonte de carreira é relacionado a conhecimentos, características pessoais, comportamentos e habilidades. **Desenvolver competências** representa a busca em criar as competências necessárias, mas inexistentes, envolvendo as etapas de diagnóstico da situação, decisão quanto à estratégia, implementação/ação, avaliação e controle. **Gerenciar desempenho de competências** objetiva planejar, avaliar, definir e implantar ações para melhoria do desempenho eficaz das competências das pessoas. **Monitorar competências** representa o acompanhamento das mesmas na organização, utilizando sistemas de informações e bancos de dados relacionados à Gestão Humana. **Comprometer competências** procura ampliar o comprometimento das pessoas na organização, combinando objetivos pessoais e organizacionais nas suas dimensões instrumentais, calculativas, afetivas e normativas, utilizando abordagens grupais e individuais, além de monitorar as características e a satisfação das pessoas. **Liderar competências** busca convergir as competências existentes na organização para seus objetivos e metas, inclui sistemas como o desenvolvimento de lideranças e a sua avaliação, além de práticas de governança e supervisão do seu exercício e ferramentas para facilitar o seu processo: o ciclo MASE.

Capítulo 4

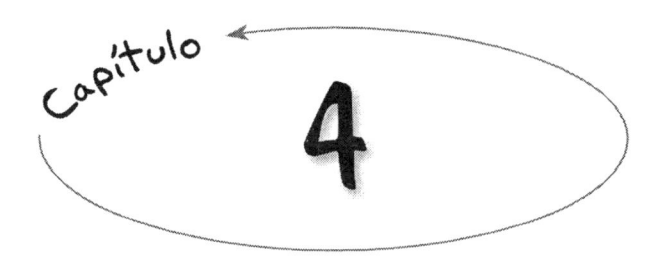

O Ciclo MASE de Liderança

A Gestão Humana passa por diversas questões para sua realização e nesta a liderança representa o elemento central. Aquele que catalisa e dá significado para os sistemas e práticas dos elementos do modelo.

Para facilitar o processo de liderança e o próprio entendimento do papel dinâmico deste na geração de valor através do uso do capital humano, desenvolvi o ciclo MASE de liderança. Uma ferramenta simples e prática para ser utilizada pelos líderes formais ou informais, destacada e detalhada neste capítulo.

Apesar de a liderança já ter sido apresentada no capítulo anterior, como elemento do modelo e composta por diversas práticas e sistemas, aqui a liderança é apresentada complementarmente como processo, enfocando a dinâmica do ato de liderar no papel do líder.

4.1 A liderança como processo

Muitas são as teorias de lideranças, cada uma abordando a questão sob um enfoque diferente. Algumas, de caráter funcional, apresentam orientações sobre como proceder para exercer adequadamente a liderança; outras, mais estruturais, procuram categorizar e descrever o processo de liderança e suas variáveis. Poucas teorias apresentam ferramentas ou modelos para facilitar o uso do conhecimento sobre a liderança e transformá-lo em habilidade por parte dos gestores.

Sistematizar o uso da liderança resulta na sua constituição em processo, o qual é passível de formatação e instrumentalização.

O entendimento da liderança como processo evidencia a necessidade de uma metodologia para abordá-la e utilizá-la. Essa metodologia representa fundamentalmente uma forma de gerenciamento.

Dentre as teorias que possibilitaram controlar/gerenciar processos, existe o consagrado Ciclo Deming[1], também chamado Ciclo PDCA. Esta metodologia sintetizava em apenas uma figura a essência do conceito de controle ou de gerenciamento de processos visando à sua rápida difusão. Hoje, o ciclo Deming é mundialmente conhecido e aplicado, a mesma inovação é necessária na aplicação das teorias de liderança.

Através do uso do ciclo Deming, é possível sintetizar as principais teorias da liderança em apenas uma figura, um método de liderança integrando funcionalmente essas teorias, tal como fez Deming em relação aos conceitos de controle de processos ao criar o ciclo PDCA.

O processo desenvolvido nesta linha recebeu o nome de ciclo MASE, podendo ser utilizado em todas as situações em que é necessária a aplicação de uma forma sistematizada e contínua de liderança.

4.2 O ciclo MASE de liderança

O ciclo MASE de liderança, inspirado no ciclo PDCA, tem o objetivo de facilitar a difusão das teorias de liderança e sua essência é composta dos conceitos de liderança, motivação e aprendizado[2].

O ciclo possui quatro fases: Motive (M), Apóie (A), Supervisione (S) e Energize (E), os quais têm sua dinâmica representada na Figura 4.1.

A fase de **Motivação (M)** é composta por três etapas:

1ª – a definição de objetivo ou meta, seguida de recompensa ou incentivos para o alcance desta meta;
2ª – a definição dos caminhos ou dos meios para alcançar esta meta;
3ª – o processo de valorização ou de venda dos resultados, das recompensas ou dos benefícios que a meta alcançada pode trazer.

Esta fase caracteriza-se por um forte processo de motivação.

Como liderar significa influenciar uma ou mais pessoas para o alcance de um ou mais objetivos, motivar é a fase essencial do processo de liderança,

---
[1] Deming (1985).
[2] Seiffert (s/d).

Gestão Humana para o Século XXI

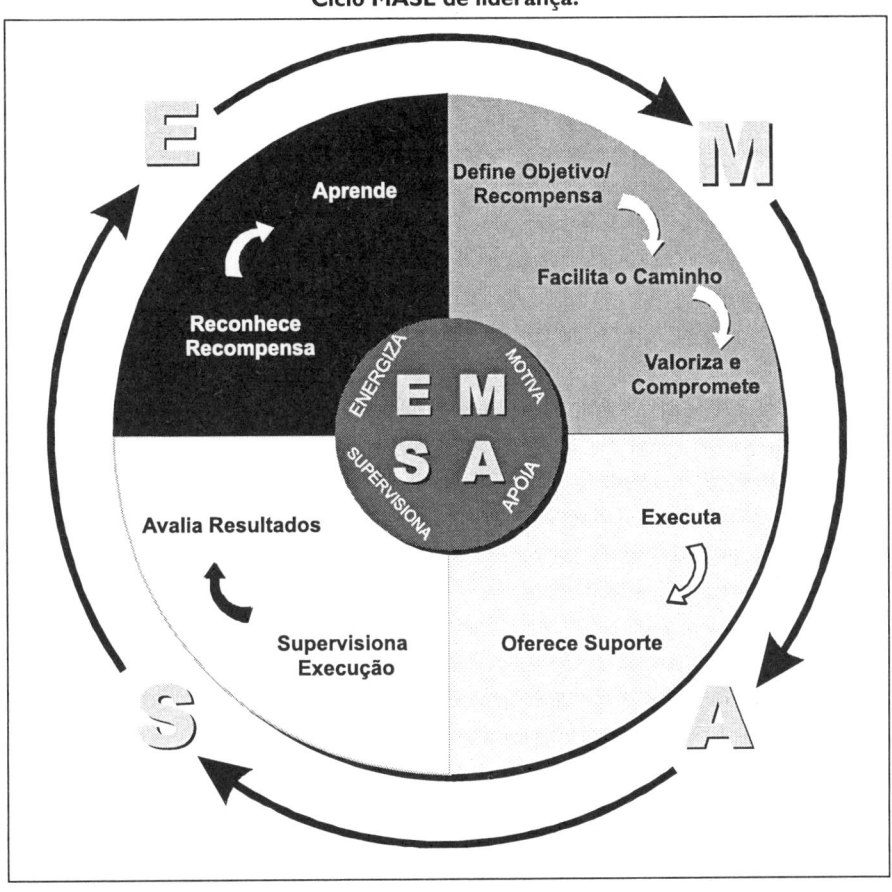

**Figura 4.1
Ciclo MASE de liderança.**

Fonte: Seiffert (2002).

pois significa estabelecer ou clarificar motivos para que uma ou mais pessoas busquem alcançar um objetivo.

Na primeira etapa desta fase, o líder estabelece o objetivo ou a meta e já define quais são os incentivos ou as recompensas para o grupo. Estas recompensas poderão ser de duas formas: naturais e estabelecidas. As naturais são os benefícios alcançados com o próprio alcance do objetivo, por exemplo ao proceder à limpeza no local de trabalho a recompensa é o próprio local limpo e agradável após o esforço de limpeza. As estabelecidas são aquelas que não são resultado natural do alcance do objetivo, por exemplo novas recompensas ou novos incentivos materiais.

Na primeira etapa, o líder utiliza intensamente as teorias motivacionais de Maslow e Herzberg ao estabelecer recompensas ou incentivos compatíveis com as necessidades do grupo ou indivíduo liderado. Utiliza ainda um estilo de liderança transacional ou transformacional, dependendo do tipo de incentivo ou da recompensa que estabelece. Ao adotar um estilo transacional, o líder tenderá a estabelecer recompensas ou incentivos em troca do alcance dos resultados. Caso adote um estilo transformacional, o líder tenderá a vender os benefícios naturais e nobres alcançados como conseqüência do objetivo.

Na segunda etapa, o líder facilita o caminho para alcance da meta ou do objetivo, definindo os meios para alcançá-los. Os meios podem ser definidos de forma participativa, ou não, com o próprio grupo. Eles também podem ser informais, ou até mesmo documentados através de um plano de ação ou projeto.

Ao estabelecer o caminho, o líder está motivando os liderados a reduzir a percepção de esforço necessário para alcance de uma meta, ou seja, está utilizando conscientemente, ou não, uma teoria caminho-meta. Ao definir os meios para o alcance de uma meta de forma mais participativa ou não, dependendo da situação, o líder está utilizando o modelo do estilo líder-participação e a liderança situacional.

Na terceira etapa, o líder conscientemente vende os benefícios que o objetivo alcançado trará, valorizando tais benefícios através da comunicação. Desta forma, estará catalisando o comprometimento do grupo ou indivíduo, explorando através da comunicação como os objetivos e interesses individuais das pessoas combinam ou são atendidos com o alcance do objetivo definido.

A fase de **Apóia (A)** é composta por duas etapas:

> 1ª – a de execução, onde o grupo ou indivíduo executa os meios ou caminhos traçados para alcance do objetivo;
> 2ª – é a etapa de suporte, onde o líder disponibiliza o apoio necessário para alcance do objetivo, o qual pode ser técnico, físico (recursos), político, ou simplesmente moral; depende da necessidade do grupo ou do indivíduo.

A fase de **Supervisão (S)** também é composta por duas etapas:

> 1ª – supervisão da execução, onde o líder verifica o cumprimento dos meios definidos para alcance da meta e a avaliação dos resultados alcançados.

O grau de intensidade de supervisão que o líder utiliza na primeira etapa depende do nível de maturidade do grupo, assim o líder utiliza fortemente os conceitos da liderança situacional para definir o seu grau de supervisão. Caso o grupo tenha um nível de maturidade baixo para a tarefa, o líder adotará um estilo diretivo com alto grau de supervisão dos trabalhos. Caso o grupo tenha um nível de maturidade alto, o líder adotará um estilo de delegação com baixíssimo grau de supervisão.

> 2ª – na segunda etapa da fase de supervisão, o líder avalia os resultados alcançados para seguir para a última fase do ciclo, a energização.

A **Energização (E)** possui duas etapas:

> 1ª – recompensa ou reconhecimento;
> 2ª – aprendizado.

Caso o grupo tenha alcançado o objetivo de forma desejada, o líder o reconhece efetuando os elogios pertinentes de preferência em público e/ou recompensa o grupo com base nas recompensas estabelecidas na fase de motivação.

Após a recompensa, e/ou elogio, um processo de reflexão do grupo com o líder serve para desenvolver o aprendizado. Dessa forma, conclui-se o ciclo, catalisando e consolidando a sensação de poder alcançar novos desafios no grupo ou indivíduo.

Caso o grupo não tenha alcançado o objetivo de forma desejada, o líder passa para a etapa de aprendizado. Ela tem o objetivo de descobrir com o grupo, ou com o indivíduo, as causas do resultado indesejado para definir novas ações que viabilizem o sucesso, reiniciando-se o ciclo na fase (M). Ao descobrir as causas das falhas, o líder catalisa e consolida a sensação de que o grupo, ao eliminar aquelas causas, pode alcançar o objetivo definido.

Para que o usuário desse método possa ampliar sua eficácia como líder, recomenda-se o conhecimento básico das principais teorias motivacionais e de liderança. Desta forma, o usuário poderá utilizar mais adequadamente o ciclo MASE para os mais diversos contextos e situações. Isso decorre do fato de que há momentos em que, ao se estabelecerem objetivos, meios e recompensas, o líder deve assumir atitudes mais ou menos participativas, mais diretivas ou mais delegativas, ora mais transacional, ora mais transformacional. Em virtude dessa constatação, somente o conhecimento dos conceitos e das teorias permite ao usuário a escolha do estilo de liderança mais adequado para cada situação.

O conhecimento da natureza da motivação permite ao usuário saber, por exemplo, que o uso acentuado de incentivos materiais na fase de motivação, caracterizando um estilo de liderança transacional, pode fortalecer apenas o envolvimento calculista por parte do indivíduo ou do grupo. Em contextos empresariais, por exemplo, um envolvimento mais moral e comprometido dos funcionários é entendido como mais produtivo do que apenas calculista. Neste caso, o líder pode equilibrar recompensas materiais com recompensas subjetivas, caracterizando um estilo mais transformacional do que transacional.

Fica claro no ciclo MASE como os conceitos de motivação e de liderança são mais complementares do que antagônicos; esta complementaridade é integrada de forma dinâmica no ciclo.

Assim, se o elemento liderança dá significado e vida aos demais elementos do modelo de gestão humana, é possível perceber como o processo de liderança através do ciclo MASE fica facilitado em organizações que possuem o modelo implantado. Nesta, os líderes encontram disponíveis: sistemas de remuneração, de treinamento, profissionais competentes e mais comprometidos com a organização, dentre muitos outros. Ou seja, o que há de melhor possível para suportar e apoiar o processo de liderança de suas equipes em busca de objetivos organizacionais.

4.3 Resumo

Este capítulo abordou o ciclo MASE, uma ferramenta para uso nos processos de liderança formal e informal das organizações. O ciclo é inspirado no ciclo PDCA de Deming, no sentido de ser uma ferramenta simples e prática para facilitar a difusão e o uso dos conceitos de liderança, motivação, comprometimento e aprendizado no processo de liderar. Envolve quatro fases consecutivas: motive (M), apóie (A), supervisione (S) e energize (E). A primeira fase, de motivação (M), envolve a definição de objetivo/meta, suas recompensas e seus incentivos, a definição dos meios e da valorização de resultados. A segunda fase, de apoio (A), envolve a execução do que foi traçado e recebe o suporte técnico, físico, político ou moral do líder. A terceira fase, de supervisão (S), representa a avaliação dos resultados alcançados, visando à fase seguinte. Na quarta fase, de energização (E), ocorre a recompensa/reconhecimento e o aprendizado. Caso o grupo não tenha alcançado o objetivo, são definidas novas ações para viabilizarem o seu alcance, reiniciando o ciclo até que isso ocorra.

Capítulo 5

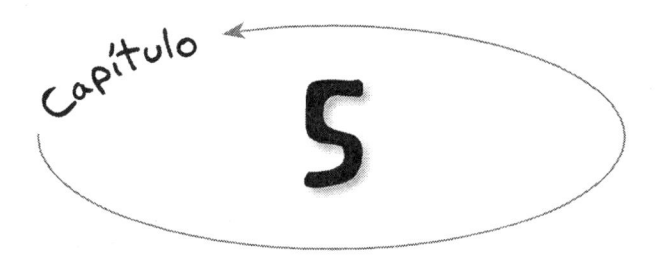

Aspectos Táticos e Estratégicos no Modelo

Os componentes do modelo – princípios, papéis da área de Gestão Humana e método de implantação – serão detalhados neste capítulo. Abordaremos, ainda, o indivíduo no modelo, a relação deste com desenvolvimento organizacional e indicadores sugeridos. Tais questões representam dimensões táticas e estratégias do modelo na busca de uma implantação plena, sendo abordadas dentro da contribuição que proporcionam a esse objetivo.

5.1 O indivíduo no modelo

Uma vez escolhido pela organização através das práticas de seleção, o indivíduo encontra um sistema que quer conquistar o seu comprometimento. O sistema apresenta todo um ambiente repleto de incentivos para que a pessoa aplique e desenvolva suas competências como forma de ampliar a eficácia e a eficiência da organização.

Em uma organização que vai liderar a aplicação de suas competências, o indivíduo não é apenas influenciado, ao contrário é o principal agente. Isso decorre do fato de ele, através de sua motivação intrínseca, valores e vontade, decidir se vai aplicar ou não, e ampliar ou não, as suas competências. No capitalismo do conhecimento[1], o qual considera o conhecimento como um

---
[1] Apontado por Drucker (1993).

fator de produção cuja produtividade depende da vontade dos indivíduos, estes adquirem parcela significativa de poder, contrabalançando os demais fatores de produção.

No ambiente organizacional, com o modelo implantado, os indivíduos não somente serão recompensados se aplicarem apropriadamente suas competências, mas também se as desenvolverem, ampliando-as. Em um ambiente econômico turbulento, onde a única certeza é a mudança, os indivíduos têm um papel ativo neste processo, e a organização só mudará se seus integrantes mudarem. Neste contexto, algumas pessoas liderarão toda a organização e outras serão líderes de alguns indivíduos. Esse quadro dependerá do balanço de competências entre as pessoas em um processo de meritocracia temperado com habilidade política.

Assim, é possível afirmar que existe um certo equilíbrio de forças entre o indivíduo e a organização no jogo de influências. Apesar disso, não é possível deixar de reconhecer que a organização é mais forte e poderosa. O indivíduo pode optar por se engajar ou não; de qualquer forma encontrará um sistema que procurará eqüidade e justiça, buscando compensá-lo adequadamente caso se comprometa de fato, e nem tanto, caso não se comprometa. Um dos papéis principais do modelo é ampliar a probabilidade de a pessoa se comprometer, o que já ocorre desde a sua seleção ao serem integrados na empresa indivíduos que têm valores e ambições compatíveis com as necessidades da organização. Apesar disso, sempre é reconhecido que, em última instância, a motivação e o comprometimento são intrínsecos, muito individuais e de livre arbítrio.

No modelo (Figura 2.1), o indivíduo é representado pelo aro externo, o que significa que tanto influencia o desenho dos elementos como é influenciado. O modelo existe para influenciá-lo e conquistá-lo e este é também moldado a partir dos valores e das características dos indivíduos. Um exemplo didático são os sistemas de recompensa simbólica e não-monetária. Para cada cultura de país e até organização, os sistemas e as práticas do modelo deverão ter configuração diferenciada.

5.2 Princípios

A operação do modelo traz intrínsecos princípios, que serão explicitados a partir de agora.

> *Quanto mais os princípios apresentados convergirem com as crenças e com os valores de determinada organização, mais eficaz será o modelo em tal contexto.*

Os princípios raramente se apresentam como obstáculo cultural à implantação do modelo em uma organização intensiva em Capital Humano. Essa particularidade ocorre por serem de caráter mais abrangente, universais, além de se instrumentalizarem para ampliar a eficácia e a eficiência. De qualquer forma, explicitar os princípios intrínsecos ao modelo facilita a percepção de haver ou não discordância cultural de uma organização em relação ao modelo. Isso pode evitar o desgaste de uma tentativa de implantação de um modelo de gestão incompatível com o modelo mental predominante em determinada organização.

Os princípios do modelo de gestão humana são:

Os objetivos e o contexto moldam o modelo ➜ o modelo é um meio de alcançar os objetivos organizacionais com maior eficácia e eficiência e não um fim em si mesmo. Embora seus elementos e princípios se mantenham mais estáveis, as práticas e os sistemas a serem implantados dependem dos contextos e objetivos da organização, e das prioridades resultantes.

Alinhamento da Gestão do Capital Humano aos objetivos e estratégias organizacionais ➜ no modelo, este é considerado o meio catalisador dos objetivos organizacionais e deve estar profundamente alinhado a eles. Trata-se de um princípio que deve ser objeto de revisão e reavaliação constante, além de proporcionar a readequação dos sistemas e práticas que se fizerem necessários.

Alinhamento a outros elementos de desenho organizacional ➜ o modelo procura adequar-se e adequar outros elementos de desenho, tais como: estrutura organizacional, sistemas de informação e tomada de decisões, processos e tecnologia.

Possuir fundamentos éticos e de valores definidos e praticados ➜ a definição das crenças e dos valores organizacionais é importante para o modelo, pois permite a identificação dos indivíduos com os valores organizacionais. Além disso, é base para os elementos de prover, liderar e comprometer competências.

O *empowerment* como forma de ampliar o comprometimento e desenvolvimento dos indivíduos ➜ quanto maior poder e autonomia são repassados para os indivíduos exercerem suas tarefas, maior o seu grau de comprometimento, desenvolvimento e, paradoxalmente, a necessidade de controle das condições. Mecanismos de controle indiretos mais sutis são implantados nesse contexto em substituição a mecanismos diretos. Nessas condições, é preferível avaliar resultados fornecendo autonomia aos indivíduos do que intensificar supervisão direta e não avaliar resultados, o que pode levar à idiossincrasia.

Aliança entre indivíduo e organização → possibilita combinar interesses e ampliar sinergia e produtividade. Essa aliança, entre capital e trabalho, apresenta-se como mais produtiva e eficaz em um ambiente competitivo e turbulento. Obviamente, nem todos os interesses são passíveis de combinação. A postura do modelo é ampliar, dentro do possível, a área de interseção representada na Figura 3.5.

Confiança e fortalecimento do contrato psicológico entre indivíduo e organização → o modelo pressupõe um princípio de postura ética e transparente da organização. Isso equivale ao conceito de governança corporativa para os investidores de mercados de capitais. É através de uma postura ética, responsável e coerente de uma organização, representada pelos seus principais líderes, que a confiança dos indivíduos vai sendo mantida e fortalecida, o que favorece o comprometimento das pessoas com a organização. O desenho dos sistemas e das práticas é baseado neste princípio, ou seja, no conceito de reciprocidade, e não no paternalismo.

O líder é gestor de pessoas → no modelo, é o líder quem gerencia as pessoas; o gerenciamento delas é parte integrante de suas atribuições. Gerenciar pessoas significa gerenciar o trabalho que é feito por elas. No modelo, a área de recursos humanos implanta e operacionaliza os sistemas e práticas que são utilizados pelos líderes na gestão das pessoas, o que equivale à gestão do trabalho. Para o modelo, o gerenciamento de pessoas é inseparável do de trabalho.

Meritocracia e eqüidade → os sistemas e práticas do modelo baseiam-se em critérios de meritocracia e eqüidade e se preocupam em evidenciar, ao máximo, a justiça e a transparência nos critérios de compensação.

5.3 Os papéis da área de gestão humana

Tendo sido examinados os princípios que estão inseridos no modelo de gestão humana, é preciso analisar o papel que irão exercer os agentes organizacionais relacionados à área.

Para os profissionais da área, existe a necessidade de[2]:

- compreender a área de recursos humanos como parte da equação competitiva do negócio;

---

[2] Ulrich (1997).

- articular os temas da área em uma abordagem de negócio, preocupando-se em adicionar valor;
- entender naturalmente como as mudanças competitivas afetam as atividades de Recursos Humanos.

Essas necessidades fazem parte de um contexto onde o papel da área de gestão humana pode inserir-se em duas dimensões. A primeira possui, nos dois extremos, maior ênfase nas pessoas ou nos processos; a segunda possui, em seus extremos, maior foco estratégico ou operacional. Dentro deste contexto, surgem os quatro papéis centrais para a área, o gerenciamento: o estratégico, o de transformações e mudanças, o da contribuição do empregado e o dos processos e infra-estrutura[3].

Destes papéis derivam as respectivas metáforas que os resumem[4]: Parceiro Estratégico, *Expert* Administrativo, Empregados Campeões e Agente de Mudança.

A metáfora de **Parceiro Estratégico** está ligada ao papel de gestor das estratégias de recursos humanos, envolvendo o estabelecimento de uma arquitetura organizacional que possibilite traduzir estratégia em ação. As pessoas que atuam na Gestão Humana (GH), com ênfase neste papel, também devem aprender a realizar diagnósticos organizacionais, a responder questões pertinentes, além de gerarem alternativas criativas de melhores práticas, serem capazes de definir prioridades para iniciativas e segui-las.

A metáfora do parceiro estratégico pressupõe um **gerenciamento estratégico** de recursos humanos que se caracteriza por alinhar as estratégias de GH com as práticas e com a estratégia do negócio. O profissional de GH estimula a capacidade de realização de estratégias para desenvolver o negócio principal da organização. Este enfoque auxilia a organização de três formas: primeiramente, na adaptação, a mudança; a segunda na possibilidade de encontrar as necessidades dos clientes; e, a terceira, no alcance de melhor performance financeira. A "parceria estratégica" ocorre quando o profissional de GH participa na definição da estratégia de negócio, estabelecendo questões que movem esta estratégia e desenhando práticas pertinentes a ela[5].

Já o *Expert* **Administrativo**, ligado ao gerenciamento da infra-estrutura da firma, deve proceder a uma reengenharia da área de GH[6] e seus processos, definindo o seu papel na geração de valor do negócio, desenvolvendo

---
[3] Ulrich (1997).
[4] Ulrich (1997).
[5] Ulrich (1997).
[6] Neste livro, denomina-se a área de recursos humanos de área de gestão humana.

mecanismos para dividir e entregar serviços da área eficientemente, mensurando e gerenciando os resultados dos seus diversos processos através de indicadores.

O **gerenciamento de infra-estrutura**, relacionado à idéia de *expert* administrativo, envolve tradicionalmente, com relação à GH, os processos de recrutamento, treinamento, avaliação, compensação e promoção do fluxo de empregados pela organização. Cabe ao profissional de GH descobrir custos desnecessários, além de examinar, melhorar e promover a eficiência dos processos; é desta sua especialidade que resulta a metáfora "administração experiente". Semelhante postura resulta na constante reengenharia de processos organizacionais, levando ao compartilhamento de serviços de administração de recursos humanos por todas as unidades da organização[7].

Os **Empregados Campeões**, presentes no gerenciamento da contribuição do empregado, surgem quando os profissionais de GH se tornam a voz dos empregados nas discussões dos temas relacionados a satisfação × insatisfação, além de assumirem as preocupações dos empregados em serem ouvidos, definirem e providenciarem recursos para que os empregados alcancem suas metas.

Os empregados campeões estão ligados ao **gerenciamento da contribuição do empregado**, que abrange o envolvimento nas questões quotidianas relacionadas a seus problemas, preocupações e necessidades. Como resultado deste gerenciamento, é esperado o aumento do comprometimento e competência do empregado. A metáfora "empregados campeões" representa a busca no incremento da contribuição do empregado que afeta a capacidade de mudança do negócio, a identificação das necessidades dos clientes e aumenta a performance financeira da empresa. As atribuições do gestor envolvem identificar, responder e achar caminhos para prover os empregados com recursos que satisfaçam suas demandas de mudança[8].

Os **Agentes de Mudança**, integrantes do papel de gerenciamento da transformação da mudança, devem conduzir o processo de mudança iniciando primeiro na sua própria área de atuação, servindo como catalisadores, facilitadores e projetistas, além de utilizarem ferramentas para facilitar a mudança a ser realizada pelos gerentes de linha.

O **gerenciamento de transformação e mudança** envolve lidar com a cultura organizacional. Os profissionais de GH são, ao mesmo tempo, guardiões desta cultura e os catalisadores de sua mudança. A mudança refere-se à habilidade de a organização desenhar e implementar iniciativas que reduzam o

---

[7] Ulrich (1997).
[8] Ulrich (1997).

tempo de ciclo das atividades organizacionais. Sendo assim, busca-se que os empregados sejam auxiliados na superação de sua antiga cultura e adaptação à nova[9].

O entendimento dos papéis desempenhados pela área de GH em uma organização é de suma importância para abordar os aspectos relacionados a este setor. Qualquer intervenção, ou criação, relacionada à dinâmica da GH nas organizações depende da compreensão dos elementos desses papéis para ser bem-sucedida.

5.4 O método de implantação do modelo

O método de implantação do modelo possui cinco fases: diagnóstico, planejamento, implantação, avaliação e consolidação, conforme apresentado na Figura 5.1.

Diagnóstico → tem por objetivo identificar o grau de presença e as características dos sistemas e das práticas já existentes em contraposição aos elementos do modelo, seus princípios e suas principais práticas e sistemas.

O diagnóstico procura ainda levantar o direcionamento estratégico da organização, qual é sua visão de futuro, missão, objetivos, estratégias e competências essenciais. Além disso, procura levantar crenças e valores proclamados da organização, bem como caracterizar os contextos interno e externo à organização.

A caracterização do contexto interno preocupa-se com o entendimento dos pontos fortes e fracos da organização. Por sua vez, a do contexto externo preocupa-se com o entendimento das ameaças e das oportunidades que a organização enfrenta. Estas duas caracterizações são típicas nos processos de planejamento estratégico, e são conhecidas como análises interna e externa. Elas têm por objetivo possibilitar que o processo de implantação do modelo possua forte alinhamento estratégico com a organização, respeitando, quando apropriado, seus contextos de adaptação ambiental ou de competição.

Esta etapa também procura identificar o nível de satisfação dos indivíduos em relação ao seu trabalho e à organização. Os principais instrumentos utilizados nesta etapa são as pesquisas documentais relacionadas ao nível de satisfação dos funcionários, normalmente contidas em relatórios de pesquisa de clima. Nesses relatórios, é possível avaliar a eficácia dos sistemas e das práticas existentes. Outro instrumento possível é a entrevista. Normalmente, é realizada em uma amostra representativa dos principais grupos de fun-

---

[9] Ulrich (1997).

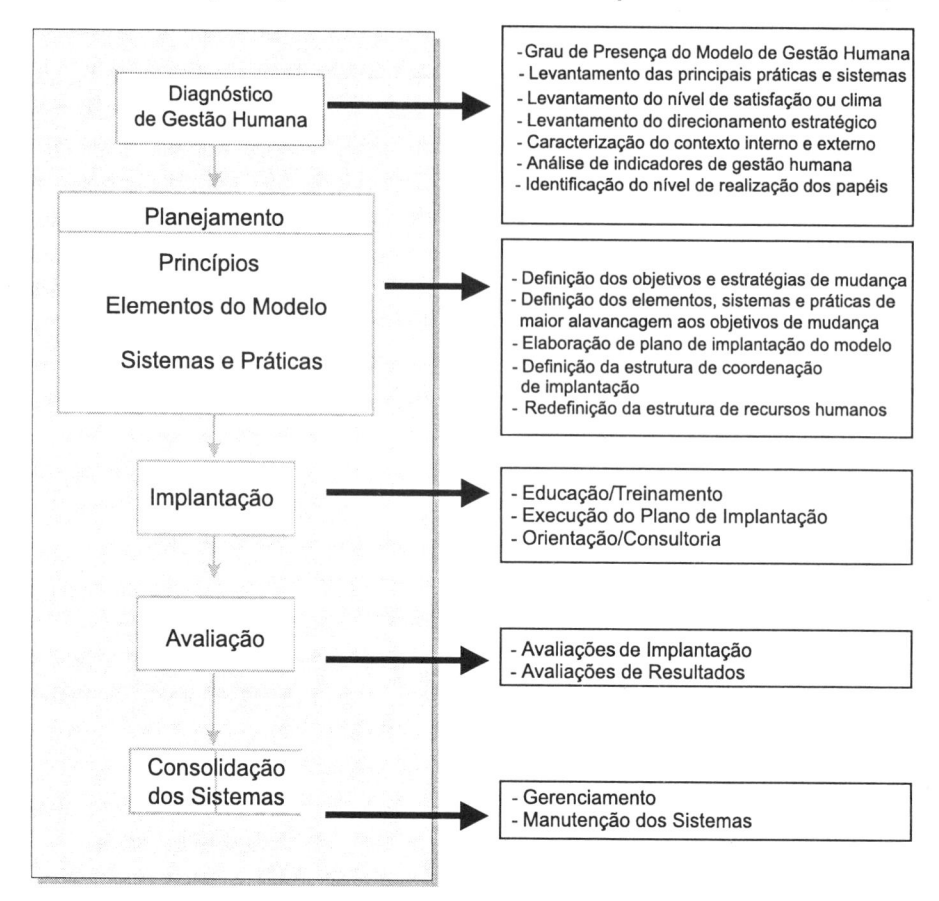

Figura 5.1
Método de Implantação do Modelo de Gestão do Capital Intelectual Humano.

```
┌─────────────────────────┐          ┌─────────────────────────────────────────────┐
│  Diagnóstico            │  ─────▶  │ - Grau de Presença do Modelo de Gestão Humana│
│  de Gestão Humana       │          │ - Levantamento das principais práticas e sistemas│
└─────────────────────────┘          │ - Levantamento do nível de satisfação ou clima│
            │                        │ - Levantamento do direcionamento estratégico│
            ▼                        │ - Caracterização do contexto interno e externo│
┌─────────────────────────┐          │ - Análise de indicadores de gestão humana │
│  Planejamento           │          │ - Identificação do nível de realização dos papéis│
│                         │          └─────────────────────────────────────────────┘
│  Princípios             │          ┌─────────────────────────────────────────────┐
│  Elementos do Modelo    │  ─────▶  │ - Definição dos objetivos e estratégias de mudança│
│  Sistemas e Práticas    │          │ - Definição dos elementos, sistemas e práticas de│
│                         │          │   maior alavancagem aos objetivos de mudança│
└─────────────────────────┘          │ - Elaboração de plano de implantação do modelo│
            │                        │ - Definição da estrutura de coordenação   │
            ▼                        │   de implantação                          │
                                     │ - Redefinição da estrutura de recursos humanos│
                                     └─────────────────────────────────────────────┘
┌─────────────────────────┐          ┌─────────────────────────────────────────────┐
│  Implantação            │  ─────▶  │ - Educação/Treinamento                      │
│                         │          │ - Execução do Plano de Implantação          │
└─────────────────────────┘          │ - Orientação/Consultoria                    │
            │                        └─────────────────────────────────────────────┘
            ▼
┌─────────────────────────┐          ┌─────────────────────────────────────────────┐
│  Avaliação              │  ─────▶  │ - Avaliações de Implantação                 │
│                         │          │ - Avaliações de Resultados                  │
└─────────────────────────┘          └─────────────────────────────────────────────┘
            │
            ▼
┌─────────────────────────┐          ┌─────────────────────────────────────────────┐
│  Consolidação           │  ─────▶  │ - Gerenciamento                             │
│  dos Sistemas           │          │ - Manutenção dos Sistemas                   │
└─────────────────────────┘          └─────────────────────────────────────────────┘
```

cionários, além da alta administração e da média gerência. Caso a organização não realize pesquisas de clima freqüentemente, recomenda-se a aplicação de uma. A pesquisa de clima é um instrumento rico em informações para auxiliar na etapa seguinte.

Caso a organização possua um bom sistema de indicadores para medir a eficácia e a eficiência da gestão humana, eles devem ser analisados em uma perspectiva histórica.

O diagnóstico, por fim, procura identificar o nível de realização dos papéis em recursos humanos[10], identificando qual é o papel predominante, e

---

[10] Orientação de tipo de atividade em gestão humana: pode ser de orientação estratégica, mudança, melhoria de performance dos funcionários ou a processos de gestão humana (Ulrich, 1997).

qual papel deve ser enfatizado para os próximos anos face ao seu contexto e direcionamento estratégico da organização.

Planejamento → Nesta fase, é elaborado o plano de implantação do modelo, que é apresentado, construído e validado com os *stakeholders*. Estes envolvem as principais lideranças e representantes das partes interessadas no futuro da organização e da gestão do seu capital humano, e compreendem normalmente alta administração, média gerência e demais funcionários.

Metodologias e instrumentos de elaboração, tais como planos detalhados de ação, análise de caminhos críticos, planos de contingência, elaboração e gerenciamento de orçamento, são utilizados nesta etapa e servem como referência para a etapa seguinte.

O conteúdo do planejamento é elaborado com base no diagnóstico, assim os elementos a serem priorizados na fase de implantação dependem dos objetivos e das estratégias da organização e de seus contextos interno e externo. O papel a ser enfatizado pela área de recursos humanos e os elementos que são prioritários para sua implantação certamente conduzem a uma revisão de toda a estrutura organizacional da área de recursos humanos.

Implantação → a implantação ocorre conforme as práticas e os sistemas que foram priorizados para sua efetivação.

O processo de implantação nada mais é do que um processo de mudança planejada, que engloba toda a complexidade e as dificuldades que lhe são inerentes. Isso acontece porque cada um dos principais sistemas e práticas de recursos humanos afeta direta e explicitamente as pessoas em uma organização. Para que se consiga o consentimento necessário à implementação dos sistemas, exigem-se dos profissionais encarregados de fazê-lo ainda mais atenção e, principalmente, negociação. Isso decorre do fato de os sistemas em alguns casos mudarem a distribuição de poder em uma organização.

A Figura 5.1 ajuda no entendimento da complexidade e da dificuldade de um processo de mudança organizacional focado essencialmente em mudança comportamental.

A efetivação de um processo de mudança organizacional representa um evento que envolve uma série de riscos, representados fundamentalmente pela resistência ao processo.

Face aos riscos do processo, existe a necessidade de compreendê-lo explicitando suas etapas, sintetizadas na Figura 5.2.

Na Figura 5.2, compreende-se que do contato com a mudança até a sua internalização em uma organização, representada pelas etapas de I a VIII, requer-se tempo e recurso, além de um adequado gerenciamento. Isso significa uma postura sincera de abertura a críticas e participação dos líderes da organização na adequação do modelo ao contexto em que está sendo implantado.

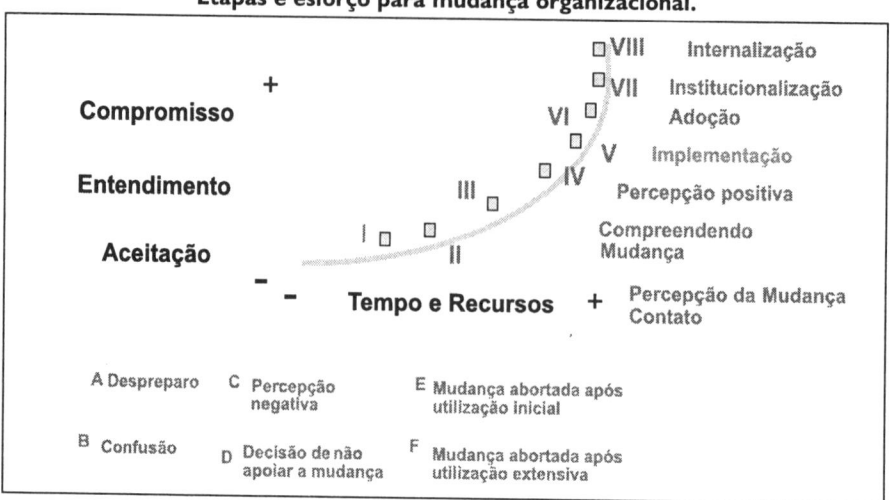

Figura 5.2
Etapas e esforço para mudança organizacional.

```
Compromisso         +                            □ VIII      Internalização
                                              □ VII          Institucionalização
                                        VI □                 Adoção
                                           □
Entendimento                              □ V                Implementação
                                    III □ IV                 Percepção positiva
                              I □   □                        Compreendendo
Aceitação                         II                         Mudança
                        —   Tempo e Recursos   +             Percepção da Mudança
                                                             Contato

   A  Despreparo      C  Percepção        E  Mudança abortada após
                         negativa            utilização inicial

   B  Confusão        D  Decisão de não   F  Mudança abortada após
                         apoiar a mudança    utilização extensiva
```

A não efetivação dessa adequação pode levar a um processo reverso representado pelas etapas de "A" até "F".

Assim, considerando-se a implantação do modelo como um processo de mudança, é necessário forte apoio da alta administração para viabilizar a sua implantação. Faz parte dessa dinâmica a formação de um **comitê diretivo**, composto pela alta administração, que tem por objetivo direcionar o processo, alocar recursos e fornecer o apoio político para implantação. Também é necessário um **comitê gestor**, que tenha como principal função gerenciar a implantação do modelo. Normalmente, ele acaba envolvendo outras áreas relacionadas ao processo de mudança organizacional, tais como informática e qualidade, e é recomendada a participação de representantes do setor de produção ou áreas de maior contingente de funcionários.

Considerando a complexidade da natureza do processo de mudança proposto, é importantíssimo que, previamente à fase de diagnóstico e complementar às fases de planejamento e implantação, sejam **realizadas atividades de sensibilização dos principais gestores e tomadores de decisão** envolvidos no processo de implantação. A implantação ampla do modelo só é possível com a efetiva liderança do principal gestor da organização, estando condicionada também à sua plena aceitação dos princípios explicitados do modelo. Ele também deve estar disposto a liderar ativamente o processo de implantação, procurando recompensar ou punir seus subordinados imediatos em conformidade com suas atitudes no processo de mudança. Essa postura acaba deflagrando um processo em cadeia da liderança pelo exemplo, o qual percorre do alto à base organizacional.

A implantação completa de um modelo de Gestão Humana varia de três a cinco anos, dependendo da complexidade da organização, e requer, a partir disso, manutenção, atualização e adequação, face às mudanças que a organização enfrenta em termos tecnológicos, de objetivos e até de contexto. Nesse sentido, as práticas e os sistemas são melhorados, atualizados e complementados continuamente, o que é extremamente benéfico e positivo. Já os elementos do modelo, seus princípios e conceitos são as bases permanentes que sustentam este organismo vivo, em transformação e adaptação.

Os instrumentos principais de gerenciamento de projeto são utilizados nesta etapa, tais como acompanhamento de cronograma e indicadores de implantação de resultados.

Avaliação → o principal objetivo desta fase é definir ações corretivas ou de melhoria no processo de implantação visando a garantir a sua eficácia. Ocorrem dois tipos de avaliação:

- gerencial;
- diretiva.

A primeira ocupa-se da eficiência do processo de implantação, é realizada mensalmente pelo coordenador de implantação, normalmente o executivo principal de recursos humanos de uma organização, e aprimorada e ratificada no comitê gerencial. Já a avaliação diretiva tem como objetivo a eficácia dos sistemas, práticas e modelo como um todo, e é realizada formalmente pelo comitê diretivo em um período mensal, trimestral ou semestral.

Consolidação dos sistemas → é uma etapa formal que visa a avaliar o grau de implantação de cada sistema, prática, elemento e modelo como um todo, além de definir e implantar ações para garantir a sua consolidação. Isso requer muitas vezes aperfeiçoar a adequação dos sistemas ao contexto da organização, ou, principalmente, a outros elementos do desenho organizacional. É uma etapa que reconhece a natural entropia[11] dos sistemas e a necessidade de melhoria, ocupando-se assim de sua manutenção e aperfeiçoamento, denominada aqui de consolidação. Isso é necessário até que o modelo tenha sido plenamente internalizado e se institucionalizado na organização, o que normalmente ocorre cerca de dois a três anos depois de considerada concluída a implantação do modelo.

Em termos de instrumentos, a consolidação dos sistemas significa o uso de ferramentas de avaliações de eficácia e a verificação de necessidades de

---

[11] Tendência à desorganização.

melhorias nos principais sistemas e práticas, mesmo depois de considerada eficaz sua implantação, é realizada anualmente, na maioria das vezes.

5.5 Integrando desenvolvimento organizacional

Este item apresenta a integração do modelo com outros elementos de desenho organizacional.

Visando a facilitar o entendimento e a fomentar a discussão, é proposto o seguinte acordo semântico para o Desenvolvimento Organizacional:

> *processo de mudança planejada visando a ampliar a eficiência e a eficácia organizacional, coordenada, promovida e implantada a partir das principais lideranças, utilizando-se de modernas tecnologias gerenciais e considerando tanto aspectos técnicos como humanos em sua implantação.*

Inspirada no conceito, surge a proposição do negócio ou missão essencial da área de Desenvolvimento Organizacional:

> *coordenar, assessorar e promover estratégia, projetos e ações para ampliar a eficiência e a eficácia organizacionais através da implantação de mudanças organizacionais baseadas em modernas tecnologias de gestão.*

Para discorrer-se sobre a integração do modelo ao processo de desenvolvimento organizacional e mais especificamente os elementos de desenho, serão utilizados os referenciais sintetizados e adaptados na Figura 5.3.

A figura apresenta, de forma simplificada, o conceito de que, a partir de resultados desejados e estratégias, são desenhados os elementos organizacionais apresentados no losango. Para que esses sejam eficazes na consecução das estratégias, devem possuir adequação sinérgica e coerência entre si. Dessa forma, o desenho organizacional conduzirá a comportamentos que são efetivamente os que geram os resultados finais.

Em um processo de diagnóstico organizacional, para reduzir a disparidade entre resultados alcançados e resultados esperados, deve-se avaliar:

- a adequação entre resultados desejados *versus* estratégias;
- estratégias *versus* os seis elementos de desenho organizacional (no losango);
- a coerência e a adequação sinérgica entre os elementos;
- o desenho dos elementos *versus* o comportamento desejado.

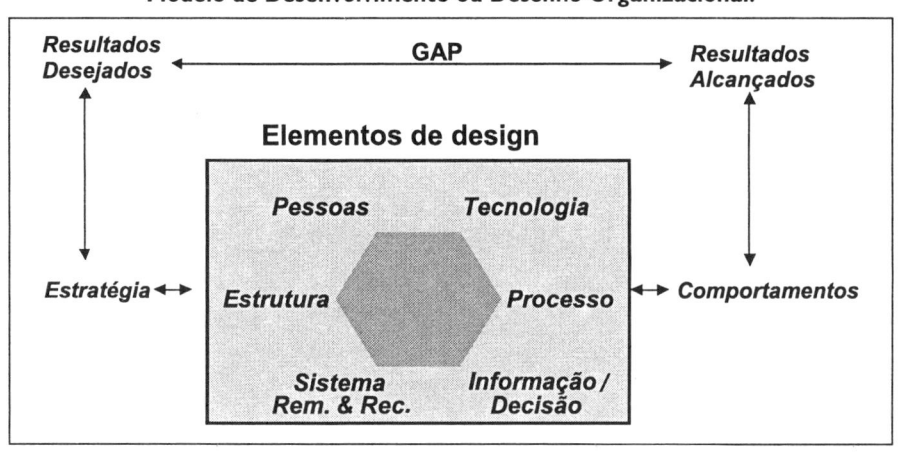

Figura 5.3
Modelo de Desenvolvimento ou Desenho Organizacional.

- Resultados Desejados ←— GAP —→ Resultados Alcançados
- Estratégia ←→ **Elementos de design**: Pessoas, Tecnologia, Estrutura, Processo, Sistema Rem. & Rec., Informação/Decisão ←→ Comportamentos

Fonte: Seiffert (2002).[12]

No modelo de Gestão Humana proposto, o processo de desenvolvimento organizacional é uma forma de mudança planejada que deve buscar adequação entre os elementos de desenho organizacional e os resultados, estratégias e comportamentos desejados.

O modelo geral de integração do processo de desenvolvimento organizacional e seus elementos está representado na Figura 5.4.

A Figura 5.4 já apresenta uma adaptação, na concepção de desenvolvimento organizacional[13] ao incluir a diferenciação entre cultura proclamada e real e ao inserir a liderança como mais um elemento-chave no processo de desenho ou desenvolvimento organizacional.

A Figura 5.4 apresenta, ainda, o entendimento de que o modelo de Gestão Humana para Empresas Intensivas em Capital Intelectual Humano afeta ou influencia diretamente os elementos de desenho organizacional:

- pessoas;
- sistemas de remuneração;
- sistemas de recompensa e liderança;
- cultura organizacional.

Ocupa-se, dessa forma, em reduzir o *gap* entre cultura proclamada e cultura real, através do adequado desenho de seus sistemas e práticas e, princi-

---

[12] Este modelo foi desenvolvido pelo autor baseado em Hanna (1988) e Mohrman (1989).
[13] Conforme discutido pelos autores Mohrman (1989), Hanna (1988) e Nadler Thuchman (1991).

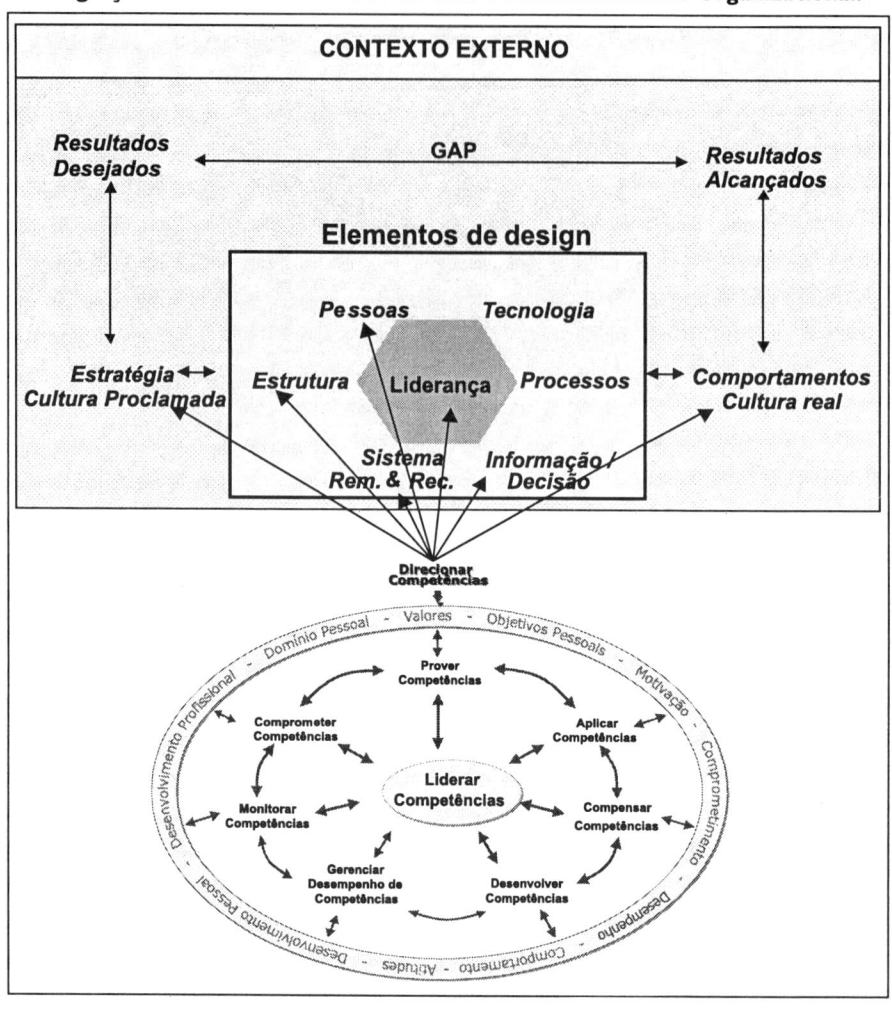

Figura 5.4
Integração entre os elementos do modelo e Desenvolvimento Organizacional.

palmente, através do tratamento sistemático desta no elemento comprometer competências.

O modelo afeta ainda indiretamente a estrutura organizacional e os sistemas de informação/tomada de decisões, além da tecnologia e processos. Também de forma ampla o modelo tanto afeta como é afetado, e deve buscar adequação e sinergia com todos os elementos de desenho organizacional.

O fato de o modelo proposto trabalhar instrumentalmente com o conceito de competência e operacionalizar isso através de seus próprios elementos facilita e cria condições referenciais que possibilitam direcionar os trabalhos de desenvolvimento organizacional.

O modelo preocupa-se com a definição clara de competências organizacionais e cultura, que são referenciais fundamentais a serem trabalhados nos sistemas e nas práticas de gestão humana, tais como desenvolvimento de pessoas, de liderança, sistemas de recompensa e cultura. Além disto, preocupa-se com o desdobramento das competências individuais a partir das organizacionais, criando uma integração clara entre os trabalhos de gestão humana e de desenvolvimento organizacional.

Assim, o modelo proposto possui forte sinergia conceitual e instrumental com os conceitos e processos de desenvolvimento organizacional, facilitando-os e catalisando-os significativamente.

5.6 Aspectos complementares do modelo: Desenvolvimento Organizacional, Planejamento Estratégico, papéis da área de GH e indicadores

Como orientação para contextualizar as iniciativas de gestão humana no Desenvolvimento Organizacional e Planejamento Estratégico, sugere-se o esquema presente na Figura 5.5.

A Figura 5.5 destaca como pode ocorrer o Desenvolvimento Organizacional na empresa de forma integrada e englobando a área de Planejamento

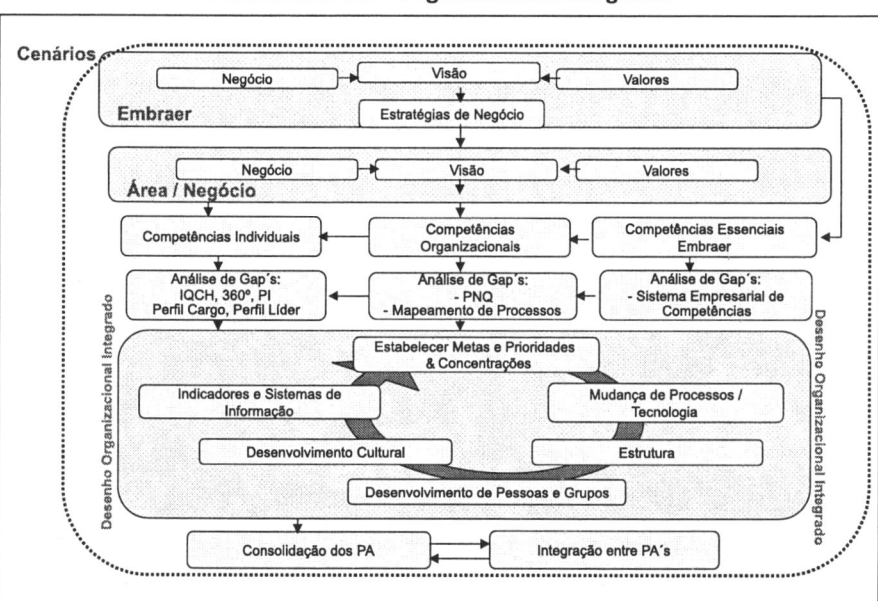

Figura 5.5
Desenvolvimento Organizacional Integrado.

Estratégico. Isso ocorre através de atividades como definição de cenários, visão, missão, valores e estratégias de negócio a nível corporativo, desdobrando-se a seguir em cada subsidiária, negócio ou área.

A definição de competências essenciais, desejadas pela empresa, deve ocorrer preferencialmente em um processo de planejamento estratégico, mas não necessariamente quando uma organização já tem claro seu posicionamento, estratégias e visão de longo prazo. Já as competências organizacionais das unidades e indivíduos podem ser definidas pelas áreas de apoio que trabalham com elementos de desenvolvimento organizacional, incluindo Recursos Humanos e Gestão da Qualidade. A partir da definição de competências, avalia-se o *gap* entre o desejado e o nível atual, visando a definir projetos e ações para reduzi-lo.

Assim as ações ou projetos são desenvolvidos numa abordagem integrada de desenvolvimento organizacional (apresentada no item 5.5), e devem ser incluídos na gestão tática da organização (planos anuais). Como resultado, as ações passam a fazer parte do sistema de planejamento e gerenciamento de metas a serem alcançados. Essa prática garante a sua efetiva implantação, uma vez que tais ações serão acompanhadas e poderão inclusive ter efeito na remuneração variável dos gestores (ver exemplo da Embraer S.A., Figura 7.2).

Uma outra questão importante do modelo proposto está relacionada aos papéis predominantemente assumidos pela área de gestão humana nas suas intervenções. A instrumentalização dos elementos proposta no modelo pos-

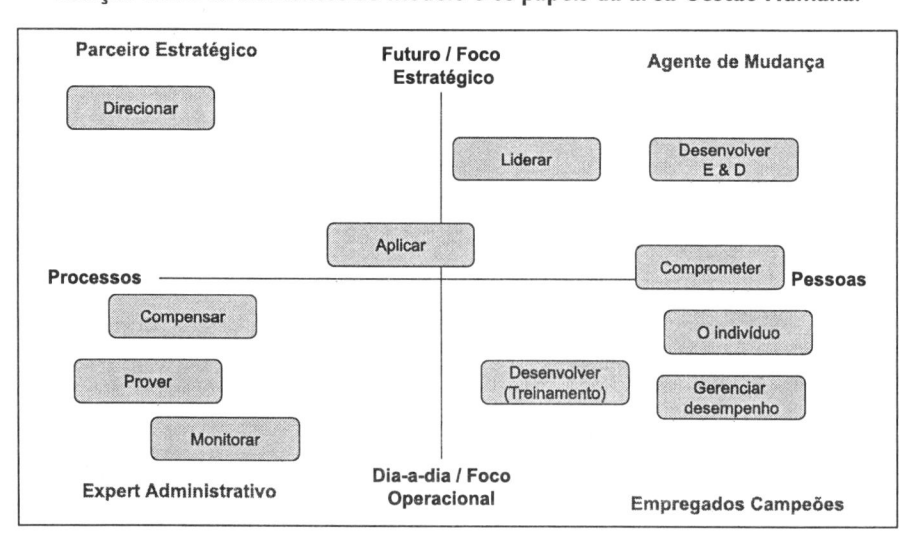

Figura 5.6
Relação entre os elementos do modelo e os papéis da área Gestão Humana.

Fonte: Seiffert (2002) baseado em Ulrich (1997).

sibilita que a área realize os quatro papéis possíveis, conforme visualizado na Figura 5.6.

A Figura 5.6 mostra que o modelo contempla as quatro possibilidades de papéis para a área de GH, o que facilita o entendimento da ênfase de cada elemento. Destaca-se que, em alguns casos, os elementos eram uma forma sistemática de realizar mais de um papel; nesta figura foi posicionado o papel que é mais fortalecido pelo respectivo elemento.

Uma outra questão necessária ao modelo desenvolvido é um conjunto de indicadores de eficiência e eficácia do mesmo. Esse conjunto é apresentado na Tabela 5.1, e é passível de complementação de acordo com o contexto em que o modelo for aplicado, seguindo a relação lógica de custo de mensuração *versus* benefício.

O uso de indicadores no modelo permite um melhor gerenciamento de sua implantação e principalmente de seus resultados. Essa iniciativa deve sempre considerar uma avaliação do contexto ao qual se destina, buscando se adequar às particularidades que o compõe.

5.7 Resumo

O presente capítulo apresentou as dimensões tática e estratégica do modelo de gestão na sua implantação: o indivíduo no modelo, seus princípios, os papéis da área de gestão humana, o método de implantação, a sua relação com desenvolvimento organizacional, além de possíveis indicadores de eficiência e eficácia. O indivíduo no modelo está ligado a um sistema que busca ampliar o seu comprometimento com a organização, a qual vai liderar suas competências, influenciando e sendo influenciada por ele. Os princípios explicitam os pressupostos maiores inerentes ao modelo, que são: os objetivos e contexto moldam o modelo, o alinhamento da gestão humana aos objetivos e estratégias organizacionais, o alinhamento a outros elementos de desenho organizacional, possuir fundamentos éticos e de valores definidos e praticados, o empowerment como forma de ampliar o comprometimento e o desenvolvimento dos indivíduos, a aliança entre indivíduo e organização, a confiança e o fortalecimento do contrato psicológico entre indivíduo e organização, o líder é gestor de pessoas, e meritocracia e eqüidade. Os papéis da área de gestão humana posicionam-se entre extremos ligados a pessoas ou processos e entre foco estratégico ou operacional. Nesse contexto, surgem os papéis: estratégico, de transformações e mudanças, da contribuição do empregado e dos processos e infra-estrutura. Dos papéis surgem as metáforas de: parceiro estratégico com estabelecimento de uma arquitetura organizacional que traduz estratégia em ação; expert administrativo

Tabela 5.1
Exemplos de Indicadores de Eficácia e Eficiência Possíveis para Cada Componente do Modelo

Componente	Indicadores
Do modelo como um todo	- Grau de implantação do modelo - Indicadores de qualidade e produtividade por funcionário. Ex.: valor agregado por funcionário
Direcionar	- Grau de definição e desdobramento das competências - Grau de presença das competências definidas e desdobradas
Prover	- Custo de recrutamento e seleção - Índice de satisfação do cliente interno
Aplicar	- Índice de satisfação dos funcionários quanto à função exercida
Desenvolver	- Custo de ET&D - Índice de satisfação do cliente interno - Índices de aproveitamento e valor agregado pelo processo de capacitação - Recurso aplicado em ET&D e custo por funcionário - Horas de ET&D por funcionário por ano
Compensar	- Grau de satisfação dos funcionários - Grau de eqüidade interna e externa (pesquisa salarial) - Custos direto e indireto por funcionário - Número de causas trabalhistas
Gerenciar desempenho	- Percentual de realização das avaliações de desempenho - Percentual de ações de melhoria efetivadas a partir das avaliações de desempenho
Monitorar	- Percentual de abrangência dos sistemas de informação em relação aos elementos do modelo - Quantidade de erros presentes e/ou geradas nos sistemas. - Grau de utilidade dos sistemas pelos gestores e áreas de recursos humanos - Indicadores de satisfação dos clientes internos - Custos dos sistemas
Comprometer	- Rotatividade real - Rotatividade potencial declarada (pesquisa de opinião) - Grau de comprometimento declarado dos funcionários (pesquisa de opinião) - Grau de satisfação dos funcionários (pesquisa de opinião) - Tempo médio de casa dos funcionários - Índices de absenteísmo - Quantidade de idéias geradas e aproveitadas em programas do tipo participativo
Liderar	- Grau da lacuna entre o comportamento real e o desejado dos líderes (medido pela avaliação 360°) - Grau de capacitação formal dos líderes quanto à formação mínima requerida para liderar na organização

que envolve o gerenciamento de infra-estrutura; empregados campeões, que representam o gerenciamento da contribuição do empregado; e agentes de mudança, que envolvem o gerenciamento da transformação e mudança. O método de implantação do modelo envolve cinco fases que são: diagnóstico de gestão humana, planejamento (princípios, elementos, sistemas e práticas), implantação, avaliação e consolidação dos sistemas. O processo de mudança organizacional envolve uma série de etapas que vão do contato com a mudança até a sua internalização. Fazem parte da estrutura de implantação os comitês diretivo e gestor, e são importantíssimas as atividades de sensibilização de gestores, além da avaliação (gerencial e diretiva) e consolidação dos sistemas. A integração com o desenvolvimento organizacional representa o envolvimento do modelo com outros elementos do desenho organizacional, através de um processo de mudança planejada. O modelo de Gestão Humana para Empresas Intensivas em Capital Intelectual Humano afeta ou influencia diretamente os elementos de desenho organizacional representados pelas pessoas, sistemas de remuneração, recompensa e liderança, além da cultura organizacional. Preocupa-se também com a definição clara de competências organizacionais. O Desenvolvimento Organizacional de forma integrada e englobando a área de Planejamento Estratégico ocorre através de atividades como definição de cenários, visão, missão, valores e estratégias de negócio em nível corporativo, desdobrando-se a seguir em cada subsidiária, negócio ou área da empresa. Os papéis predominantemente assumidos pela área de gestão humana nas suas intervenções envolvem a instrumentalização dos elementos propostos no modelo, que possibilita, dessa forma, que a área realize os quatro papéis possíveis à mesma. O modelo também necessita de indicadores, os quais permitem um melhor gerenciamento de sua implantação e principalmente de seus resultados. Essa iniciativa deve sempre considerar uma avaliação do contexto a que se destina, buscando adequar-se às particularidades que o compõe.

Capítulo 6

EMBRAER S.A.: Uma Empresa Intensiva em Capital Intelectual Humano

O modelo de Gestão Humana proposto neste livro é direcionado às empresas intensivas em capital intelectual humano. Esse perfil de organização vem assumindo um papel de destaque nos setores mais dinâmicos e em expansão da economia brasileira e mundial.

Como forma de melhor entender as propostas do modelo de Gestão Humana estabelecido neste livro será abordada uma das grandes empresas brasileiras intensivas em capital intelectual humano, a Embraer S.A. Trata-se de uma organização que compete em escala global, num setor extremamente competitivo e que tem no aporte tecnológico uma de suas pré-condições de inserção e sobrevivência.

O período retratado da Embraer e sua área de recursos humanos é o de 2000 a 2001, período de realização da pesquisa que originou este livro.

6.1 Embraer: surgimento e evolução

Resultado dos programas desenvolvimentistas do governo brasileiro das décadas de 1960-1970, a Empresa Brasileira de Aeronáutica S.A. – Embraer atua no projeto, desenvolvimento, fabricação e venda de aeronaves.

O surgimento da Embraer está ligado à construção de uma base própria, e brasileira, de conhecimento especializado em sua área de atuação. A busca ativa desse conhecimento iniciou com a criação em 1950, pelo Ministério da

Aeronáutica, do Instituto Tecnológico de Aeronáutica – ITA, fruto da cooperação com o *Massachusetts Institute of Technology* – MIT e o Centro Técnico Aeroespacial – CTA. A união entre ensino, o ITA, a pesquisa e desenvolvimento, o CTA e a capacidade de produzir da Embraer viabilizou o surgimento de produtos aeronáuticos tecnologicamente sofisticados e competitivos.

O episódio precursor do desenvolvimento produtivo da Embraer foi a chegada ao CTA do engenheiro aeronáutico francês Max Holste, em 1965, com a proposta de desenvolver um avião de transporte civil. Deste projeto resultou o protótipo IPD-6504, o qual se transformou em 1969 no EMB 110 Bandeirante. O sucesso comercial deste avião possibilitou a base tecnológica e mercadológica para os bem-sucedidos EMB 120 Brasília e os jatos regionais da série ERJ 145. Todos estes produtos levaram à construção de um avançado parque fabril.

O parque produtivo da Embraer está localizado no estado de São Paulo, e tem ainda unidades em países como Austrália, China, Cingapura, Estados Unidos e França.

Ao final de 2001, a empresa possuía um total de 9.200 funcionários e já havia entregue mais de 5.400 aviões, utilizados nas áreas comerciais, corporativas e de defesa de todo o mundo. É a quarta maior fabricante mundial de aviões, atrás somente da Boeing (EUA), Airbus (Europa) e Bombardier (Canadá).

A Embraer foi a maior exportadora brasileira do triênio 2000-2002, tendo pedidos fechados de US$ 10,1 bilhões além de opções de compra de US$ 12,6 bilhões[1].

Como decorrência de sua evolução histórica e configuração estrutural, existe a orientação ampla que serve como guia das ações da empresa, resumida na sua missão e sendo expressa no seguinte enunciado:

> *"Garantir a satisfação dos acionistas e dos clientes com o oferecimento de produtos e serviços com elevado padrão tecnológico para os mercados de defesa e aeroespacial a preços competitivos, dispondo de uma força de trabalho competente, integrada, criativa e motivada."*

A missão da empresa está diretamente relacionada ao estabelecimento de uma visão que procura explicitar os anseios da empresa enquanto instituição. A visão é a seguinte:

---

[1] http://www.embraer.com.br/portugues (em 2002).

> "A Embraer se consolidará e se manterá como uma das grandes forças globais do setor aeroespacial, operando com lucratividade e apresentando níveis de excelência em tecnologia, produtos e serviços ao Cliente."

As peculiaridades da Embraer refletem determinantes do setor onde atua, os quais estão refletidos igualmente nas opções adotadas para sua estrutura organizacional.

6.2 A Embraer e sua estrutura organizacional

A Embraer iniciou suas atividades como uma empresa controlada pelo governo brasileiro, o qual detinha 51% das ações ordinárias. Em 1994, a empresa foi privatizada, e o controle acionário foi assumido por um consórcio formado pelo Grupo Bozano Simonsen e pelos dois maiores fundos de pensão brasileiros, o PREVI (caixa de previdência dos funcionários do Banco do Brasil) e SISTEL (fundação de seguridade social do sistema Telebrás), os quais detêm atualmente 60% das ações ordinárias da empresa.

A privatização da Embraer resultou num processo de reestruturação organizacional. Com o intuito de modificar a orientação da empresa, das funções de produção e de desenvolvimento para orientação ao mercado, em 1995 o presidente executivo da empresa modificou a estrutura administrativa. O processo envolveu a renovação do quadro de gerentes, trazendo metade deles de fora da empresa e promovendo o restante a partir do próprio quadro funcional existente. Paralelamente, foi reduzido o número de níveis administrativos da Embraer de sete para cinco. A composição da alta administração da empresa pode ser visualizada no organograma da Figura 6.1.

A reestruturação do setor-chave da empresa, a vice-presidência industrial (VPI), resultou numa estrutura matricial em função de projetos, a qual procurou aumentar a flexibilidade, a interação e a autonomia, ao mesmo tempo em que diminuía custos e tempo de desenvolvimento de novos produtos.

A VPI engloba aproximadamente 80% do contingente da Embraer e tem as linhas de sua estrutura matricial compostas pelos diferentes programas (unidades de negócios por tipo de avião), e as colunas são constituídas pelas diretorias funcionais de engenharia, produção e suprimentos. Além das diretorias funcionais e de programas, também existe uma gerência encarregada da integração entre as diferentes unidades. A estrutura geral pode ser vista na Figura 6.2.

As linhas diretivas da estrutura organizacional da Embraer apontam para uma busca de integração entre as necessidades técnicas, produtivas e

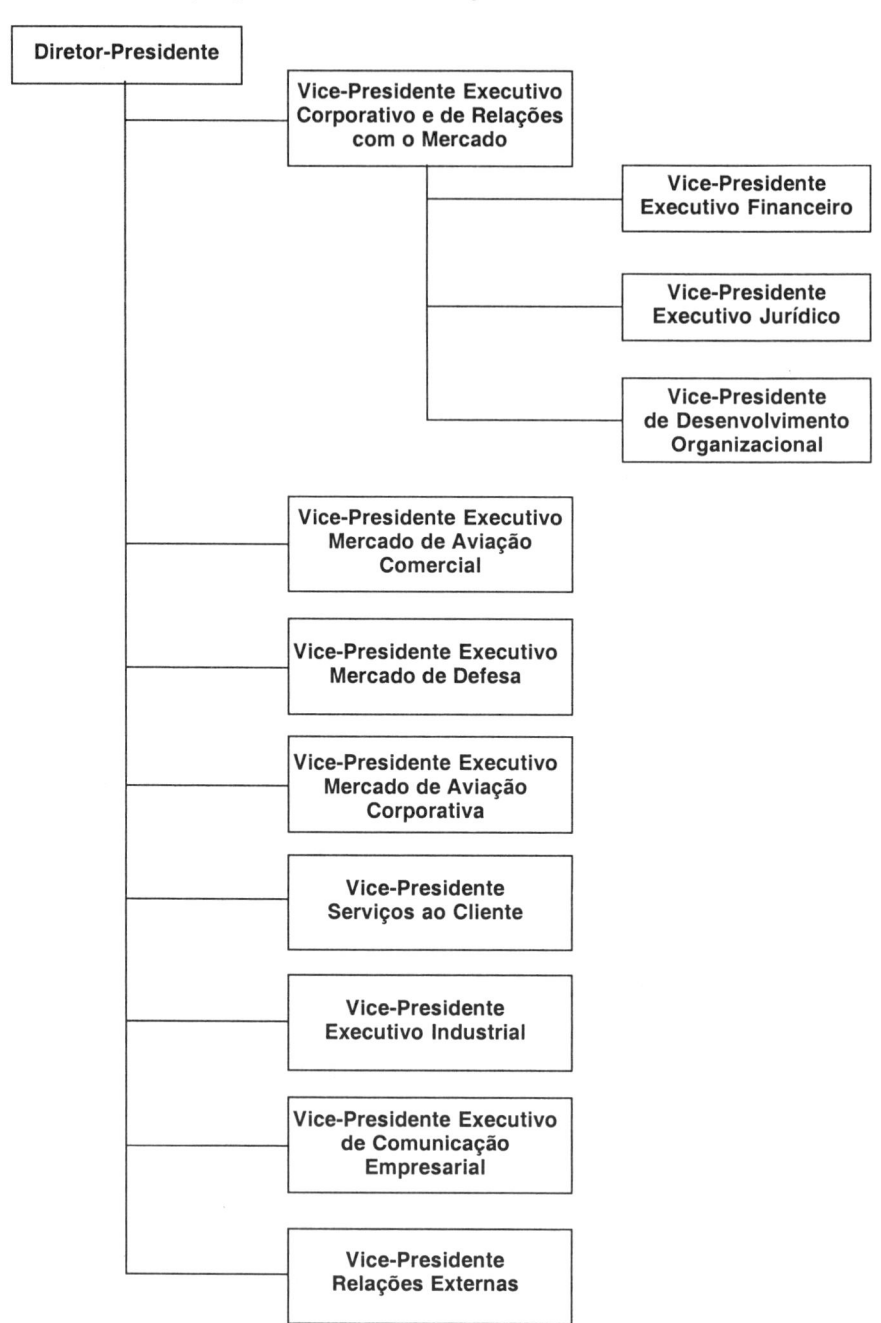

Figura 6.1
Composição da alta administração da Embraer em 2001.

```
Diretor-Presidente
├── Vice-Presidente Executivo Corporativo e de Relações com o Mercado
│   ├── Vice-Presidente Executivo Financeiro
│   ├── Vice-Presidente Executivo Jurídico
│   └── Vice-Presidente de Desenvolvimento Organizacional
├── Vice-Presidente Executivo Mercado de Aviação Comercial
├── Vice-Presidente Executivo Mercado de Defesa
├── Vice-Presidente Executivo Mercado de Aviação Corporativa
├── Vice-Presidente Serviços ao Cliente
├── Vice-Presidente Executivo Industrial
├── Vice-Presidente Executivo de Comunicação Empresarial
└── Vice-Presidente Relações Externas
```

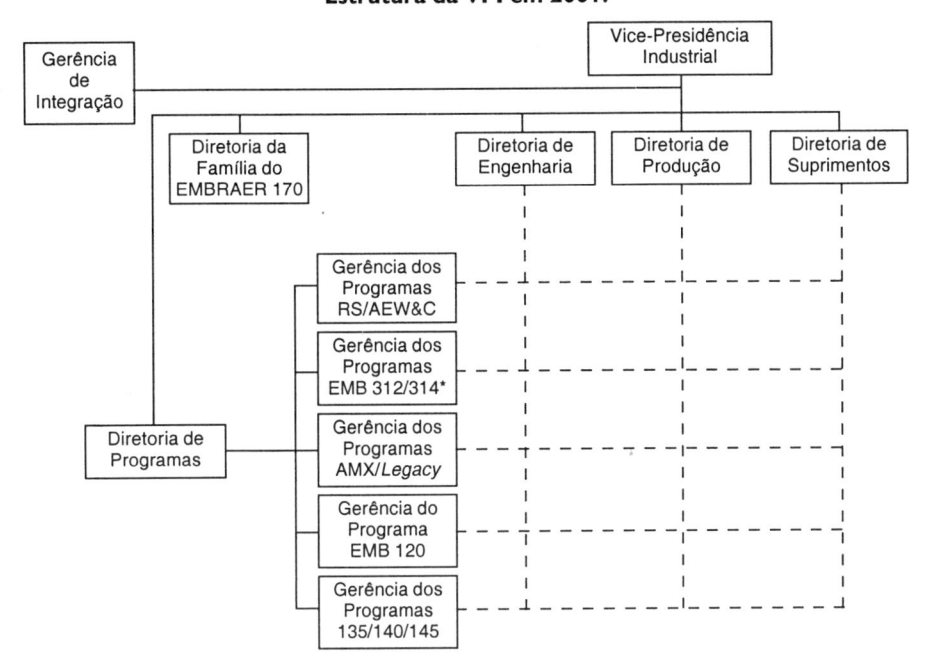

**Figura 6.2
Estrutura da VPI em 2001.**

```
                                    Vice-Presidência
    Gerência                           Industrial
       de
    Integração
           ┌──────────────┬─────────────────┬──────────────┬──────────────┐
    Diretoria da      Diretoria de    Diretoria de    Diretoria de
    Família do         Engenharia       Produção      Suprimentos
    EMBRAER 170

                    Gerência dos
                    Programas
                    RS/AEW&C

                    Gerência dos
                    Programas
                    EMB 312/314*

    Diretoria de    Gerência dos
    Programas       Programas
                    AMX/Legacy

                    Gerência do
                    Programa
                    EMB 120

                    Gerência dos
                    Programas
                    135/140/145
```

mercadológicas. Semelhante peculiaridade resulta numa forte demanda pela geração, aquisição e utilização de novos conhecimentos por parte dos membros da organização. Desta dinâmica resulta a importância das formas de trabalhar o ser humano e o capital intelectual nesta organização.

6.3 A área de recursos humanos

A área de recursos humanos das empresas é um dos setores diretamente envolvidos no uso do modelo de Gestão Humana, sendo dessa forma abordadas agora suas particularidades no que diz respeito à Embraer.

A missão estabelecida pela área de recursos humanos é a de estar preparada para gerenciar mudanças planejadas pelo Plano de Ação da Embraer, acelerando a capacitação interna para fazer face ao crescimento e ao processo de internacionalização projetados.

Com relação ao contexto de mudança, o setor de recursos humanos trabalhou com o seguinte cenário interno para o desenvolvimento de suas ações, descrito na Tabela 6.1.

A meta que guia os esforços da área de recursos humanos está em consonância com sua missão, procurando desenvolver, de forma otimizada e sistê-

Tabela 6.1
Cenário Interno para o Setor de Recursos Humanos

DE	PARA
Enfoque local →	Enfoque global
Atuação monoprogramas →	Atuação multiprogramas
Modelo centralizador →	Unidades de negócio
5.000 empregados →	15.000 empregados
Cultura definida e estável →	Nova identidade em formação
Ambiente previsível →	Novos limites e incertezas
Clientes/mercados conhecidos →	Muitos clientes/mercados novos
Exportadora →	Globalizada
Custos controlados →	Orçamentos negociados
Gestão paternalista →	Gestão por resultados
Enfoque técnico →	Enfoque empreendedor
Serviços como obrigação →	Excelência em serviços

mica, processos que forneçam, qualifiquem e mantenham pessoas na empresa, tendo como parâmetros:

- o posicionamento estratégico da Embraer;
- a preservação da cultura e da identidade;
- a imagem corporativa no Brasil e no exterior;
- a agregação contínua de novas competências;
- a necessidade de obtenção de ganhos de produtividade e redução de prazos;
- a qualidade do produto e dos serviços prestados aos clientes;
- e a pressão dos novos desafios.

Em 2001, a área de recursos humanos era uma diretoria ligada à vice-presidência de desenvolvimento organizacional, sendo composta de gerências tradicionais em uma área de recursos humanos em uma empresa grande: remuneração, pessoal e benefícios, relações trabalhistas, ET&D, recrutamento e seleção, dentre outras. Merece destaque a gerência de recursos humanos avançados, destacada a seguir.

6.3.1 Consultoria Interna: Recursos Humanos Avançados

Uma das áreas existentes na Embraer em 2001 era a denominada recursos humanos avançados, composta por uma equipe externa de consultores, especializada em questões de Gestão Humana. A principal ocupação dessa

Figura 6.4
Metodologia de gerenciamento de projetos adotada pela área de recursos humanos avançada.

Projeto: Diagnóstico > Detalhamento > Viabilização e Priorização > Aprovação > Formalização > Gerenciamento da Execução > Conclusão e Avaliação de Resultados

Negociação

equipe era a de identificar oportunidades e melhorias na gestão humana das áreas clientes internas, através da metodologia de gerenciamento de projetos, apresentada na Figura 6.4.

A área de recursos humanos avançados realizava seus diagnósticos através de ferramentas como pesquisa de clima, avaliação 360°, aplicação da *Predictive Index* às principais lideranças e sucessores potenciais. Também realizava entrevistas de desligamento e entrevistas com as lideranças das áreas, incluindo-se aí o gestor responsável. Realizado o diagnóstico desenvolviam-se projetos prioritários de melhoria, que envolviam as demais áreas funcionais de recursos humanos, caso necessário. Um exemplo era a reestruturação do plano de remuneração para um determinado conjunto de cargos ou a elaboração de um plano de desenvolvimento de longo prazo. Dependendo do projeto era possível ainda o envolvimento de consultores externos. A Figura 6.5 destaca esta interação entre clientes, áreas funcionais de recursos humanos e consultores externos.

A existência de uma área especializada na melhoria da Gestão Humana demonstra bem a necessidade de ações de atuação mais local em nível de grupo, isto é, nas áreas cliente interno, em empresas intensivas em capital intelectual como a Embraer. Essa solução encontrada pela empresa caracterizou uma institucionalização de um ponto-chave de uma Gestão Humana eficaz, que é o aperfeiçoamento contínuo e uma descentralização efetiva das ações comumente denominadas de recursos humanos estratégicos.

6.3.2 Indicadores relacionados aos sistemas e práticas de recursos humanos

Para construir, manter e desenvolver todo o seu coletivo de trabalho, a Embraer investe valores significativos de seus recursos financeiros. Um indi-

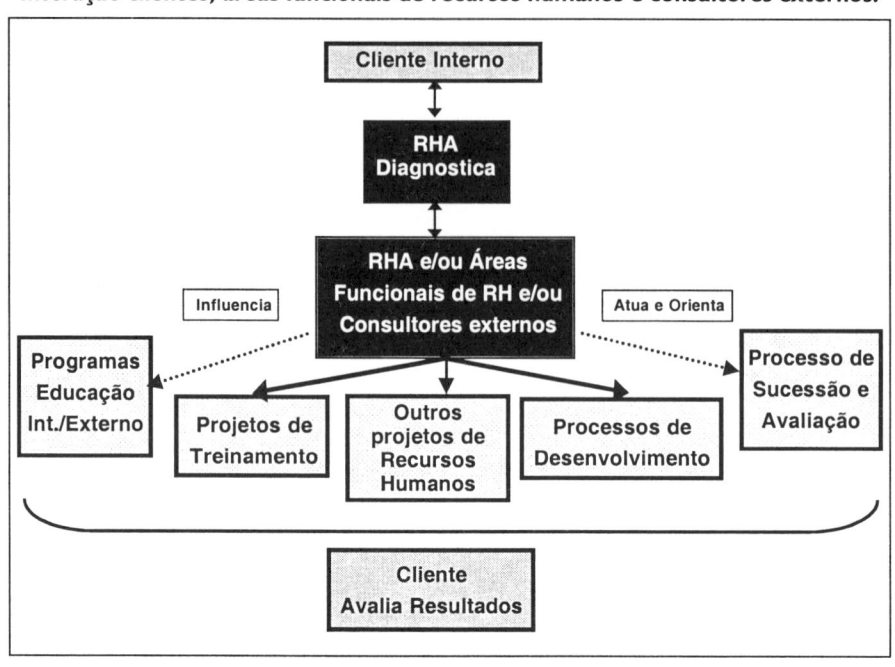

Figura 6.5
Interação clientes, áreas funcionais de recursos humanos e consultores externos.

```
                    Cliente Interno
                         ↕
                       RHA
                    Diagnostica
                         ↕
                  RHA e/ou Áreas
   Influencia →   Funcionais de RH e/ou   ← Atua e Orienta
                  Consultores externos
   
   Programas      Projetos de    Outros       Processos de    Processo de
   Educação       Treinamento    projetos de  Desenvolvimento Sucessão e
   Int./Externo                  Recursos                     Avaliação
                                 Humanos
   
                    Cliente
                 Avalia Resultados
```

cador básico dos valores envolvidos nos recursos humanos da empresa é a evolução de sua folha de pagamento frente à receita líquida, que pode ser observada na Tabela 6.2.

Tabela 6.2
Folha de Pagamento Frente à Receita

1) Base de Cálculo	2001 Valor (R$/Mil)	2000 Valor (R$/Mil)
Receita Líquida (RL)	6.735.144	4.962.000
Folha de Pagamento Bruta (FPB)	356.137	285.002

Fonte: Relatório Anual 2001.

Os valores da folha de pagamento estão relacionados a um corpo funcional com diversas peculiaridades e a uma dinâmica que está sintetizada nos seus aspectos mais significativos através da Tabela 6.3.

Um dado significativo e específico do panorama de valores investidos pela Embraer nos seus integrantes é a destinação que é dada a estes recursos, representada pelos seus indicadores sociais internos, detalhados na Tabela 6.4.

Tabela 6.3
Indicadores do Corpo Funcional

5) Indicadores do Corpo Funcional – Controladora	2001	2000
Nº de empregados ao final do período	9.218	8.574
Nº de admissões durante o período	2.252	1.421
Nº de empregados terceirizados	2.327	2.450
Nº de empregados acima de 45 anos	1.105	1.100
Nº de mulheres que trabalham na empresa	1.056	906
% de cargos de chefia ocupados por mulheres	5,25	4,71
Nº de empregados portadores de deficiência	452	759

Fonte: Relatório Anual 2001.

Um detalhamento interessante dos indicadores sociais internos diz respeito aos benefícios concedidos pela empresa a seus integrantes. No ano de 2001, eles somaram a quantia de R$ 170,3 milhões, utilizados em diversos tipos conforme pode ser observado na Figura 6.3.

Um dado importante para entender o valor dado pela empresa a seus sistemas e práticas de recursos humanos diz respeito às somas investidas em treinamentos. No ano de 2001, foram gastos US$ 15.276.000,00 no treinamento de sua força de trabalho, além de US$ 4.929.000,00 em cursos, viagens e estadas, US$ 3.189.000,00 no programa de especialização em engenharia (PEE) e US$ 1.354.000,00 em outros treinamentos. A magnitude destes valores reflete bem o empenho da organização em preparar e manter um

Tabela 6.4
Indicadores Sociais Internos da Embraer

2) Indicadores Sociais Internos	2001			2000		
	Valor R$ Mil	% Sobre FPB	% Sobre RL	Valor R$ Mil	% Sobre FPB	% Sobre RL
Alimentação	14.136	3,97	0,21	9.906	3,48	0,20
Encargos sociais e compulsórios	119.276	33,49	1,77	104.823	36,78	2,11
Previdência Social	9.216	2,59	0,14	6.761	2,37	0,14
Saúde	20.303	5,70	0,30	13.425	4,71	0,27
Segurança e medicina no trabalho	2.214	0,62	0,03	2.216	0,78	0,04
Educação	1.086	0,30	0,02	1.009	0,35	0,02
Cultura	714	0,20	0,01	356	0,12	0,01
Capacitação e desenvolv. profissional	10.842	3,04	0,16	7.591	2,66	0,15
Creches ou auxílio-creche	–	–	–	–	–	–
Participação nos lucros e resultados	83.676	23,50	1,24	73.879	25,92	1,49
Outros	11.229	3,15	0,17	8.518	2,99	0,17
Total - Indicadores Laborais	272.692	76,57	4,05	228.484	80,17	4,60

Fonte: Relatório Anual 2001.

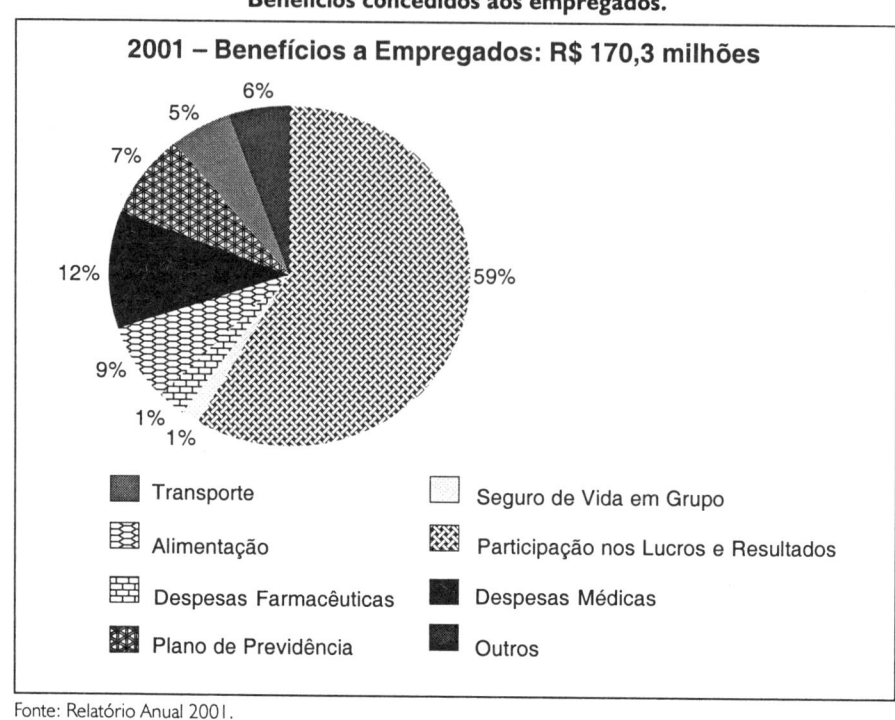

Figura 6.3
Benefícios concedidos aos empregados.

2001 – Benefícios a Empregados: R$ 170,3 milhões

- 6%
- 5%
- 7%
- 12%
- 9%
- 1%
- 1%
- 59%

- Transporte
- Alimentação
- Despesas Farmacêuticas
- Plano de Previdência
- Seguro de Vida em Grupo
- Participação nos Lucros e Resultados
- Despesas Médicas
- Outros

Fonte: Relatório Anual 2001.

corpo funcional que necessita de contínuo aporte de novos conhecimentos para fazer frente a seus desafios.

Para complementar o panorama de indicadores, convém enfocar a evolução dos demonstrativos de valores agregados (DVA) da empresa nos seus últimos três anos, representado na Tabela 6.5, que mostra uma evolução significativamente positiva.

Os indicadores apresentados servem para refletir principalmente o aporte financeiro dado pela empresa a seus sistemas e práticas de recursos humanos. Este aporte está representado não só por indicadores relacionados a questões básicas, como remuneração e benefícios, como também por indicadores de aperfeiçoamento e construção, como o treinamento.

Analisar os indicadores de RH da Embraer permite entender que o desenvolvimento de práticas de Gestão Humana em Empresas Intensivas em Capital Intelectual também pode significar aporte de recursos financeiros.

Por outro lado, cabe destacar que o grau e a magnitude de investimento dependem do contexto e da possibilidade de cada organização. Mesmo uma empresa em estágio de concordata ou com poucos recursos deve empenhar-se na gestão humana, pois esta necessita ainda mais da abordagem proposta

Tabela 6.5
Demonstrativo do Valor Agregado (DVA)

Demonstrativo do Valor Agregado – (DVA) Controladora	1999 Valor (R$/Milhões)	2000 Valor (R$/Milhões)	2001 Valor (R$/Milhões)
Receitas	3.255,7	5.208,8	6.991,5
Insumos Adquiridos Terceiros	2.231,8	3.496,0	4.213,7
Valor Adicionado Bruto	1.023,9	1.712,8	2.777,8
Retenções	115,5	129,3	133,8
Valor Adicionado Líquido Produzido	908,4	1.583,5	2.644,0
Valor Adicionado Recebido em Transferência	86,7	160,3	266,6
Valor Adicionado Total a Distribuir	995,1	1.743,8	2.910,6
Distribuição do Valor Adicionado	995,1	1.743,8	2.910,6
Empregados	297,6	410,9	520,4
Governo (impostos, taxas e contribuições)	(38,2)	429,6	666,6
Instituições Financeiras	303,2	235,9	605,1
Acionistas	123,5	287,7	403,9
Lucros Retidos	309,0	379,7	714,6

Fonte: Relatório Anual 2001.

neste livro do que uma organização em contexto melhor. Ou seja, mais do que qualquer outra, tal organização precisa de todo seu capital humano comprometido e empenhado para sair desta situação.

É claro que, neste caso, as práticas e os sistemas utilizados são mais de direcionamento, aplicação, liderança, comprometimento e remuneração baseada em resultados do que ampliar benefícios, por exemplo.

Seguindo o princípio da eqüidade, as pessoas sabem entender o contexto da organização e o melhor que esta pode fazer em termos de gestão humana. Principalmente se este entendimento é promovido por uma liderança ética e respeitada. Tal liderança pode obter empenho acima do normal das pessoas em ajudar a superar determinada crise, seguida de comprometimento extraordinário se compensa honestamente este empenho após sair de tal crise, principalmente se tal compensação envolver aspectos simbólicos.

A maioria das pesquisas de clima realizadas em empresas clientes de consultoria[2] revelou que a falta de reconhecimento era uma das principais causas de insatisfação nas empresas. Elogiar ou reconhecer sinceramente é uma das formas mais baratas de melhorar a satisfação e promover a motivação das pessoas, melhorando também o clima organizacional. O ciclo MASE pode ajudar neste sentido por lembrar que, após o alcance de uma meta ou desafio importante, as pessoas precisam ser energizadas.

---

[2] Seiffert (2002).

6.4 O plano e o programa de ação

O Programa de Ação, comumente denominado de PA, caracteriza-se como um instrumento para difundir a unidade de visão dos objetivos da empresa e garantir a unidade de ação. Ele funciona igualmente como fomentador do pensamento estratégico e instrumento de seu desdobramento tático, instigando ainda o foco nos resultados em todos os níveis da organização.

O modelo de gestão pelo PA também serve como um forte instrumento de comunicação, estabelecendo vínculos nas ações entre o planejamento empresarial, os programas de ação dos líderes e os programas de metas setoriais (PMS). Isso ocorre através de um processo contínuo e integrado de reuniões de planejamento e acompanhamento.

A assistência e o estímulo dados pelo setor de recursos humanos com relação ao PA materializam-se na forma de:

- treinamentos auto-instrutivos e presenciais;
- suporte à gerência de planejamento corporativo para o desenvolvimento e utilização dos PA's;
- envolvimento dos gestores nos eventos relacionados ao ciclo do PA;
- disponibilização de literatura pertinente;
- introdução de ferramentas de extração e consolidação de dados.

Em 2001, a prática do PA era liderada e desenvolvida pela área de planejamento estratégico, com apoio da área de recursos, já havendo discussões para aproveitar este instrumento sistemático de planejamento para incluir ações de desenvolvimento organizacional, processos e pessoas.

Assim, o PA serve, em termos institucionais, como elemento de planejamento e desdobramento das estratégias organizacionais direcionando suas ações, priorizando, integrando e coordenando-as.

6.5 Resumo

Este capítulo apresentou a Embraer S.A., empresa brasileira intensiva em capital intelectual humano, uma organização extremamente competitiva que compete em escala global e tem no aporte tecnológico uma de suas pré-condições de inserção e sobrevivência. A empresa resulta dos programas desenvolvimentistas do governo brasileiro das décadas de 60 e 70, atuando no projeto, desenvolvimen-

to, fabricação e venda de aeronaves, através de uma base própria de conhecimento nacional. Possuía em fins de 2001 um total de 9.200 funcionários e já havia entregado mais de 5.400 aviões para as áreas de aviação civil e de defesa. Inicialmente estatal, a empresa sofre, em 1994, um processo de privatização, que resultou na sua reestruturação organizacional com o intuito de modificar a orientação da empresa de focada na produção e no desenvolvimento para focada no mercado. A missão estabelecida pela área de recursos humanos (RH) é a de estar preparada para gerenciar mudanças planejadas pelo Plano de Ação da Embraer, acelerando a capacitação interna para fazer face ao crescimento e ao processo de internacionalização projetado. Os parâmetros da área de RH são: posicionamento estratégico da Embraer, preservação da cultura e da identidade, imagem corporativa no Brasil e no exterior, agregação contínua de novas competências, necessidade de obtenção de ganhos de produtividade e redução de prazos, além da pressão dos novos desafios. Destacou-se, no período de 2001, a área de Recursos Humanos Avançados, composta por uma equipe de consultores internos, especializada em questões de Gestão Humana. A ocupação dessa equipe era a de identificar oportunidades e melhorias na gestão humana das áreas clientes internas, através da metodologia de gerenciamento de projetos. Nos indicadores de RH, a empresa se destaca pelos valores investidos em benefícios e treinamento, apresentando igualmente uma evolução positiva nos seus demonstrativos de valores agregados. O Programa de Ação (PA) caracteriza-se como um instrumento para difundir a unidade de visão dos objetivos da empresa e garantir a unidade de ação. Ele funciona igualmente como fomentador do pensamento estratégico e instrumento de seu desdobramento tático, instigando ainda o foco nos resultados em todos os níveis da organização. A atuação do setor de RH no PA caracteriza-se por: treinamentos auto-instrutivos e presenciais; suporte à gerência de planejamento corporativo para o desenvolvimento e utilização dos PA's; envolvimento dos gestores nos eventos relacionados ao ciclo do PA; disponibilização de literatura pertinente; e introdução de ferramentas de extração e consolidação de dados.

Capítulo 7

GESTÃO HUMANA NA EMBRAER: SISTEMAS E PRÁTICAS

O desenvolvimento da gestão humana na Embraer se caracteriza por uma constante busca de seu aperfeiçoamento, tendo em vista a necessidade de um contínuo aporte e uso de novos conhecimentos por parte dos integrantes da empresa e a preocupação com o tratamento dispensado às pessoas dentro de seu contexto.

A partir desse binômio, pessoas e conhecimentos adquiridos, a Embraer desenvolveu uma série de práticas organizacionais que serão analisadas e discutidas frente à sua pertinência para uma Gestão Humana em empresas intensivas em capital intelectual.

A busca da análise e do entendimento da Gestão Humana na Embraer enfocou seus sistemas e suas práticas. Essa abordagem resultou do fato de a empresa não definir formalmente um modelo integrado de gestão humana, e sim alguns sistemas e práticas.

As práticas e sistemas aqui apresentados e detalhados referem-se ao período de 2000 a 2001. Nem todos serão relatados, apenas os diretamente relacionados ao tema deste livro, como forma de incorporar exemplos reais do que pode ser feito.

A seguir, serão apresentados a política de remuneração; o recrutamento e seleção; o desenvolvimento de lideranças; o sistema de educação, treinamento e desenvolvimento; e o programa *boa idéia*. A área de recursos humanos avançados também é considerada uma prática, mas já foi relatada no Capítulo 6 (Embraer S.A.: Uma Empresa Intensiva em Capital Intelectual Humano) por estar mais relacionada à caracterização da área de recursos humanos.

7.1 A política de remuneração

Os parâmetros de remuneração utilizados pela Embraer foram estabelecidos buscando atender a questões como exigências legais, acordos trabalhistas, conveniências técnicas e econômicas (as razões econômicas prevalecem sobre as puramente técnicas).

A política de remuneração tem como diretrizes a busca de eqüidade e justiça, tanto na forma de remuneração quanto nas oportunidades de progresso profissional. Procura, ao mesmo tempo, valorizar o autodesenvolvimento do empregado, através da ampliação contínua de suas competências, responsabilidades e, conseqüentemente, seu crescimento profissional.

A política de remuneração da Embraer também se insere numa estratégia tanto de atração quanto de manutenção de pessoal. Ela divide-se em duas áreas: a remuneração fixa e a variável.

Os componentes da política de remuneração da Embraer são visualizados na Figura 7.1.

Figura 7.1
Política de Remuneração da Embraer.

```
                    REMUNERAÇÃO GLOBAL

        REMUNERAÇÃO FIXA              REMUNERAÇÃO VARIÁVEL

      Comparação com o mercado        Atingimento dos resultados,
                                      com base nos programas de
                                      ação e planos de metas
       Valor relativo interno         setoriais
           dos cargos

    Qualificações, COMPETÊNCIAS
         e Habilidades                   Existência de Lucro
```

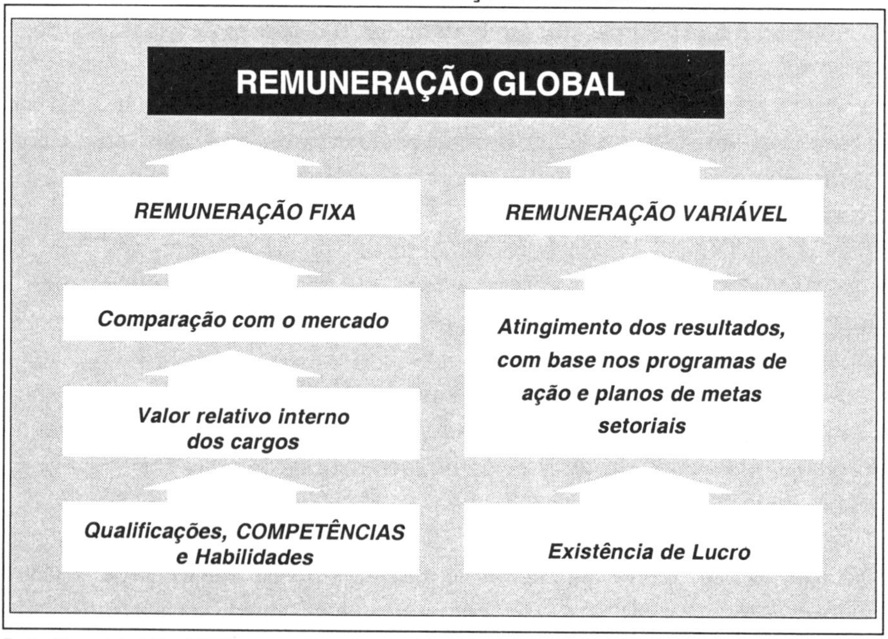

Fonte: Manual do Líder (2001).

Tendo em vista o seu dinamismo no contexto de gerenciamento, em termos de revisões e alterações frente ao referencial do mercado, a política de remuneração da Embraer caracteriza-se como um instrumento indicado para empresas que necessitam de sistemas de remuneração que estejam configurados para atender ambientes exigentes em termos de desafios a serem superados e expectativas de remuneração geradas pelas pessoas.

Um importante elemento da política de remuneração é o **cargo**. Na Embraer, todos os cargos possuem um perfil que descreve de forma sucinta e organizada suas atividades, retratando as missões, os objetivos, as atribuições, os requisitos de qualificação, as competências e as habilidades exigidas para o seu desempenho.

A **remuneração fixa**, componente da política de remuneração, procura, juntamente com o plano de carreira, considerar outros elementos além do tempo de serviço e questões subjetivas como mérito e dedicação. O salário e a carreira são tratados individualmente, considerando as características e a situação de cada pessoa. As bases da determinação dos salários são as qualificações, competências e habilidades demandadas para a realização do trabalho. Os critérios utilizados são a análise dos cargos e a avaliação comparativa entre cargos semelhantes, considerando sua importância para a empresa, além dos valores existentes no mercado.

A estrutura do plano de remuneração e de carreiras da Embraer apresenta, em sua constituição, dois elementos básicos, que são: o indicador de qualificações, competências e habilidades (IQCH) e o plano de cargos.

O **Indicador de Qualificações, Competências e Habilidades – IQCH** é um

> *instrumento que contém informações detalhadas sobre as características do cargo e os requisitos do seu ocupante.*

É base fundamental para avaliação das pessoas e sua evolução na carreira; seus indicadores podem ser observados na Tabela 7.1.

O **plano de cargos** busca classificar em categorias os cargos similares segundo requisitos de qualificações, competências e habilidades. Nestas categorias, os cargos estão agrupados e hierarquizados segundo a sua importância relativa para a empresa, conforme os critérios de:

> - **equilíbrio externo** – resultante da comparação dos salários da Embraer com os salários praticados no mercado considerando em-

> presas do mesmo porte e tecnologia, as quais possuem cargos semelhantes;
> - **equilíbrio interno** – classificação interna dos cargos, de acordo com critérios como complexidade das atividades, abrangência das funções, domínio tecnológico, qualificações, competências e habilidades requeridas.

Tabela 7.1
Indicadores de Cargos

Indicador		Escopo
Atividades e atribuições		São as tarefas, o trabalho referente ao cargo
Qualificações e conhecimentos		Conjunto de conhecimentos adquiridos através da experiência profissional, somado aos treinamentos específicos
Ferramentas, equipamentos e cursos		Descrição das ferramentas, equipamentos e instrumentos, cujo uso o cargo requer
Competências específicas		Capacidade potencial do empregado de realizar determinado trabalho, agregando valor, de forma a atingir os resultados esperados
Habilidades e conduta		Saber fazer, utilizar corretamente as ferramentas, instrumentos para a realização de um trabalho.
Treinamento necessário		Treinamento necessário ao exercício do cargo no respectivo módulo
Indicadores de carreira	Horizontal	Evolução no cargo
	Vertical	Evolução para outro cargo com requisitos (qualificações, competências e habilidades) e faixas salariais superiores
Certificação		São as certificações específicas exigidas para ocupar o cargo (formação, treinamento etc.)

Fonte: Manual do Líder 2001.

O plano de cargos encontra-se classificado em seis categorias, conforme exposto na Tabela 7.2.

As categorias do plano englobam diversos cargos, com seus requisitos de qualificações, competências e habilidades.

Quanto à sua **estrutura salarial**, os cargos estão compostos de acordo com sua categoria, e são classificados através de grupos, faixas, módulos e *steps* (degraus).

As categorias possuem cargos classificados por grupos, há cargos diferentes que pertencem ao mesmo grupo salarial. A composição dos grupos representa o equilíbrio interno.

As **faixas** são os parâmetros salariais do cargo e têm por base o equilíbrio com o mercado.

Tabela 7.2
Categorias do Plano de Cargos

Categoria	Conceito
Operacional	Atividades industriais de execução e operações práticas de máquinas, equipamentos/ferramentas, manutenção e/ou conservação das instalações e/ou equipamentos produtivos
Administrativo	Atividades de controle, processamento de informações e de apoio na gestão administrativa
Técnico	Atividades industriais de execução e aplicação prática de determinada tecnologia que requerem do ocupante a formação e/ou conhecimento técnico específico
Engenheiro	Atividades de natureza técnica de análise, desenvolvimento e aplicação de tecnologias que requerem do ocupante a formação superior em engenharia
Profissional	Atividades de análise, desenvolvimento e aplicações técnicas no tratamento de informações, interpretações específicas, que requerem do ocupante formação superior
Liderança	Atividades de gestão de pessoas, administrativas e técnicas que envolvem planejamento, execução e controle

Fonte: Manual do Líder 2001.

A divisão dos cargos ocorre por **módulos**, e estes correspondem ao estágio de desenvolvimento profissional exigido para o cargo. Quanto maior o módulo, maior será a estratégia de evolução das qualificações, competências e habilidades.

Os *steps* (degraus) representam os valores salariais que compõem os módulos.

As condições de mobilidade dentro das possibilidades de cargos e salários variam de acordo com a situação do funcionário em sua inserção na empresa.

A avaliação do período experimental é realizada pelo gestor da área para verificar se o empregado, após 60 dias da admissão, realmente atende aos requisitos básicos do cargo/módulo de contratação e, por conseguinte, se deve ou não dar continuidade ao contrato de trabalho. Não ocorre alteração salarial ao final desse período.

A avaliação de período de adaptação busca analisar o nível de adequação ao cargo por parte do empregado. É realizada pelo gestor juntamente com o empregado, após quatro meses da contratação. De acordo com os resultados da avaliação, o gestor poderá conceder aumento salarial de no máximo dois *steps*, desde que o empregado tenha sido admitido na faixa adicional do cargo.

A avaliação de capacitação, qualificação, competência e habilidade ocorre uma vez por ano, e nela são analisados o desenvolvimento profissional e o grau de maturidade do empregado frente ao cargo e módulo que ocupa e de acordo com o indicador de qualificação, competência e habilidade – IQCH. Através desta avaliação, o empregado terá uma visão exata da adequação das suas qualificações, competências e habilidades para exercício do cargo/módulo, das suas necessidades de treinamento e desenvolvimento e das possibilidades de crescimento salarial e de carreira. A importância deste momento reside no fato de o gestor avaliar junto com o empregado o seu desenvolvimento e ambos fazerem o planejamento das futuras ações com foco no desenvolvimento. Neste processo, é fundamental o debate das responsabilidades do empregado e do gestor no processo de desenvolvimento profissional, sempre tendo por orientação a busca do autodesenvolvimento.

Os critérios de evolução do módulo/salário ocorrem de acordo com o princípio de desenvolvimento e maturidade das qualificações, competências e habilidades. Desta forma, o empregado poderá ter a evolução de, no máximo, um módulo em cada avaliação realizada, de modo a garantir uma base sólida de crescimento na carreira.

Uma característica muito importante do plano de carreira e remuneração é a possibilidade de diferentes formatos de carreiras, os quais podem ser horizontais, verticais e em "Y".

A **carreira horizontal** representa a evolução profissional dentro do mesmo cargo. Ocorre através da agregação de novas qualificações, competências e habilidades, até o alcance das condições para o pleno exercício do cargo, ou mesmo para o enriquecimento do trabalho. Pode gerar evoluções salariais dentro da respectiva faixa.

Na carreira horizontal, os cargos são divididos em módulos, que representam o estágio de desenvolvimento profissional. Quanto mais se evoluir nos módulos, maiores são as exigências de qualificações, competências e habilidades e, conseqüentemente, maior o potencial salarial. A quantidade de módulos varia de cargo para cargo, dependendo de sua complexidade.

A **carreira vertical** é a evolução através do posicionamento em cargos de maior importância relativa, sempre respeitados os requisitos associados.

A **carreira em Y** possibilita a atuação do profissional que esteja no topo da carreira técnica em processos de maior complexidade e importância para os resultados dos programas/negócios, sem que fique privado dos tratamentos diferenciados concedidos à carreira gerencial.

A **Remuneração Variável** está associada aos resultados empresariais obtidos pela Embraer. Ela procura estimular a produtividade, a qualidade e o desenvolvimento organizacional, através do envolvimento, do comprometimento e do melhor desempenho dos empregados. Sua sistemática procura alinhar os objetivos individuais com os empresariais, estimulando as pessoas a

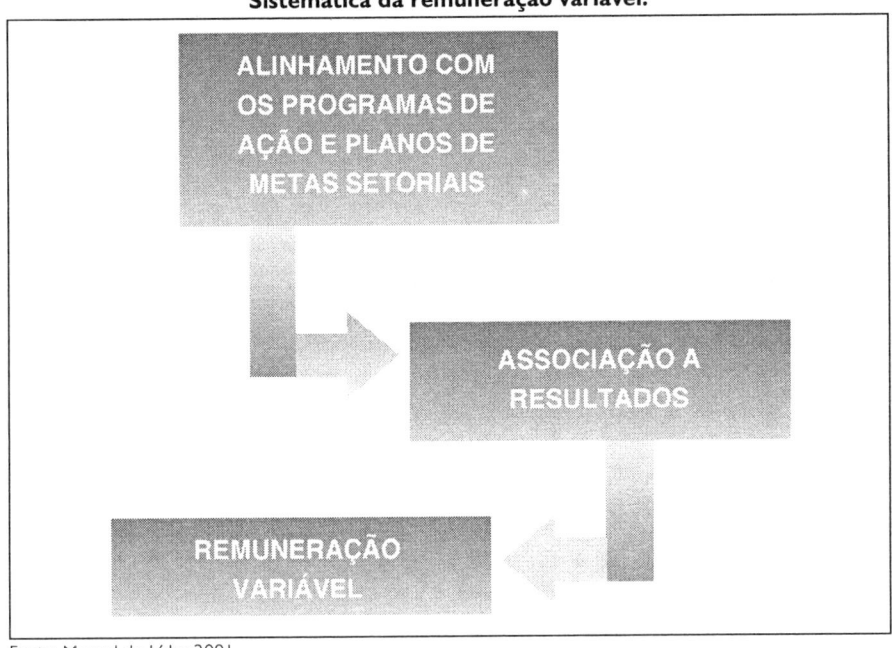

Figura 7.2
Sistemática da remuneração variável.

ALINHAMENTO COM OS PROGRAMAS DE AÇÃO E PLANOS DE METAS SETORIAIS

ASSOCIAÇÃO A RESULTADOS

REMUNERAÇÃO VARIÁVEL

Fonte: Manual do Líder 2001.

buscarem o atendimento e a superação de metas estabelecidas. A idéia geral desta sistemática está resumida na Figura 7.2.

A condição básica da remuneração variável é a existência de lucro e de metas pactuadas de melhoria contínua de produtividade e qualidade. Para uma completa consistência entre os valores de remuneração variável com os resultados da empresa, são estabelecidos critérios de quantificação e aferição com base no plano de ação da Embraer e nos diversos programas de ação e planos de metas setoriais que o operacionalizam.

A remuneração variável aplica-se a todos os empregados da Embraer, que foram contratados há pelo menos seis meses de antecedência do período de exercício da participação nos lucros ou resultados.

O valor global de remuneração variável distribuído aos empregados a título de participação nos lucros ou resultados é igual a 25% dos dividendos atribuídos aos acionistas em relação ao período. A parcela individual está condicionada à avaliação de desempenho. Tem como pré-requisito mínimo o alcance de 75% dos objetivos expressos nos planos de ação e planos de metas setoriais, sendo proporcional ao grau de atendimento entre 75% e 100%.

A política de remuneração da Embraer representa uma busca em suprir necessidades de estabilidade e de estímulo. Envolve tanto uma dimensão fixa

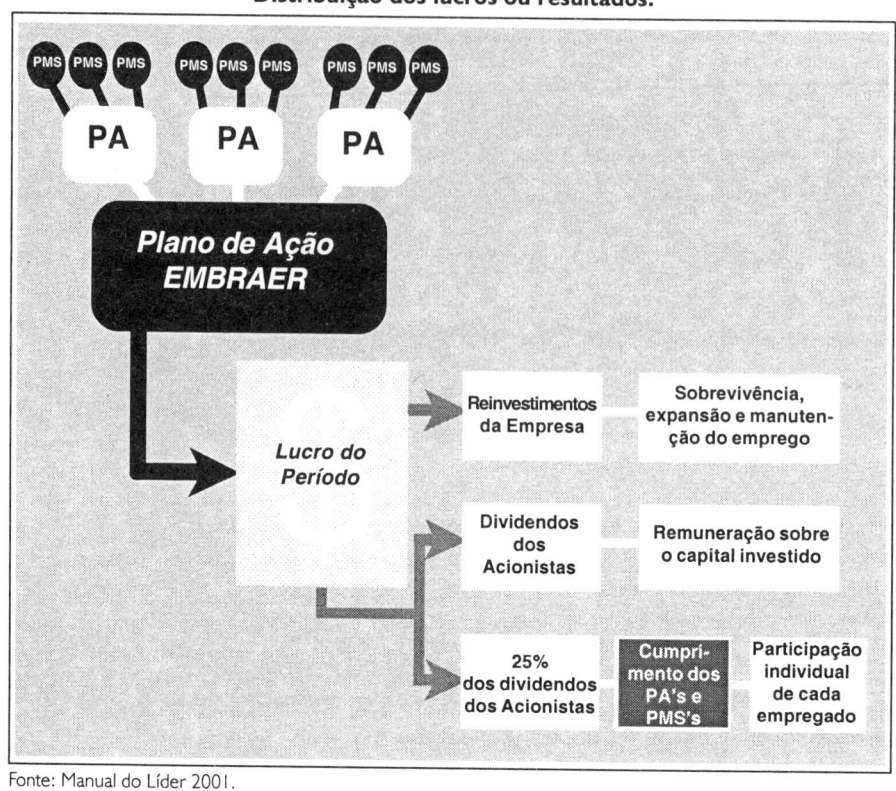

Figura 7.3
Distribuição dos lucros ou resultados.

Fonte: Manual do Líder 2001.

quanto outra vinculada ao desempenho, o que possibilita uma estratégia de ação razoável frente às demandas da sua área de atuação.

Coincidentemente, a empresa estrutura seu sistema segundo o conceito de competência, o que está de acordo com as tendências de Recursos Humanos e também com o modelo de Gestão Humana proposto neste livro. Considerando que o sistema de remuneração é um dos principais sistemas na Gestão Humana, este é um ponto que facilita a plena implantação, na Embraer, de um modelo de Gestão Humana voltado a empresas intensivas em capital intelectual. Isso decorre do fato de existir uma excelente base conceitual e prática incorporada em sua cultura.

7.2 Recrutamento e seleção

O processo de recrutamento envolve a busca e a atração de candidatos de fora da empresa, que satisfaçam os requisitos de qualificação, competência e habilidades nos cargos, definidos pela Embraer.

A seleção envolve a identificação, a definição e a indicação dos candidatos recrutados que tenham tanto maior potencial de serem bem-sucedidos no cargo a ser preenchido quanto na carreira dentro da empresa. Seu processo ocorre em um horizonte tanto de curto quanto de longo prazo.

O desenvolvimento do processo de recrutamento e seleção possui um indicador de desempenho representado pelo prazo de seu desenvolvimento. O prazo é acompanhado através de relatórios mensais emitidos por um sistema informatizado denominado *People Soft*. Ele inicia a partir do momento em que é aberta a vaga pelo gestor, até a identificação de um candidato pelo setor de recrutamento e seleção.

O procedimento de recrutamento e seleção envolve o levantamento de perfil do candidato desejado, feito conjuntamente com a área solicitante. São levantados indicadores de qualificação, competências e habilidades a serem buscadas.

O passo seguinte envolve a definição da forma de recrutamento, que pode ser interna ou externa.

Caso seja feita a opção pelo recrutamento interno, o procedimento será feito de acordo com a política de movimentação interna de empregados. A preferência da empresa é pelo recrutamento interno. Isso ocorre, primeiramente, no próprio setor e, a seguir, entre setores diferentes; neste caso, é feita uma divulgação interna da vaga e do perfil desejado. Somente podem participar do aproveitamento interno aqueles funcionários que já trabalhem na Embraer há pelo menos um ano.

O recrutamento externo utiliza-se do banco de currículos existente na empresa, além de pesquisas em agências, contatos com escolas, anúncios em jornais, disponibilização na Internet e outras fontes. Os currículos que preencham as exigências são encaminhados ao gestor da área solicitante, que dará início à convocação e à realização do processo seletivo.

O processo seletivo envolve testes psicológicos, de aptidão e outros exigidos pelo cargo. Também é feita uma pesquisa de segurança com relação ao candidato junto a órgão credenciado. As técnicas de seleção utilizadas são:

- entrevistas individuais ou em grupo;
- dinâmicas de grupo;
- testes psicológicos;
- provas situacionais.

As técnicas utilizadas são aplicadas tanto em ambientes específicos para a seleção quanto nas áreas de trabalho. Dependendo do caso, elas são realizadas por especialistas do setor de recrutamento e seleção, podendo contar ou não com a participação do gestor que a solicitou. A exceção decorre da entrevista que pode ser realizada unicamente pelo gestor.

O final do processo envolve a definição conjunta, entre as áreas envolvidas, do candidato mais adequado ao cargo. A seguir, procede-se à negociação salarial baseada na política salarial adicional estabelecida pela empresa.

O destaque do sistema de recrutamento e seleção da Embraer fica por conta da preocupação em identificar a competência dos candidatos através de múltiplas técnicas. Essa busca representa um aspecto importante de uma Gestão Humana para empresas Intensivas em Capital Intelectual, uma vez que procura assegurar a entrada na organização de um novo integrante que possua uma competência claramente definida *a priori*. Essa competência, por sua vez, está conectada diretamente a uma estrutura organizacional concebida para ela, tanto em termos técnicos quanto comportamentais.

7.3 Desenvolvimento de lideranças

A Embraer tem, entre seus sistemas e práticas de recursos humanos, um elenco de estratégias relacionadas ao desenvolvimento de lideranças.

O programa de desenvolvimento de lideranças da Embraer enfrenta uma série de desafios identificados pela empresa e que são agrupados nos seguintes itens:

- o **acelerado ritmo de crescimento e de transformação** que tem caracterizado a trajetória pós-privatização da empresa. Houve particular impacto na renovação de suas estruturas organizacionais e na demanda por novos postos de comando;
- a **atuação global**, com produtos de tecnologia avançada, disputando nichos de mercado com concorrentes fortes e agressivos;
- o **ingresso massivo de novos empregados**, configurando um *mix* cultural que necessita de polarização e de direcionamento para que não haja perdas nos processos de gestão;
- a necessidade constante de **agregação de novos líderes** nos quadros da organização, quer pelo incremento de operações, quer pela expansão dos negócios, quer pela natural necessidade de renovação.

Os desafios identificados pela empresa condicionam o desenvolvimento de seu planejamento e ações. Dessa forma, a empresa traçou um perfil do líder para atuar frente ao contexto representado nos desafios.

O perfil de líder necessário ao enfrentamento dos desafios presentes na Embraer envolve uma série de competências[1], as quais estão contidas e apresentadas na Figura 7.4.

Figura 7.4
O perfil do líder para a Embraer.

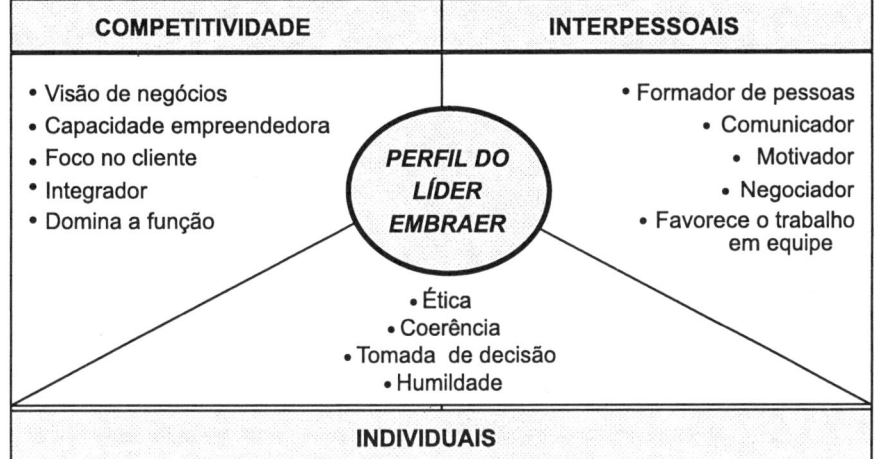

COMPETITIVIDADE	INTERPESSOAIS
• Visão de negócios • Capacidade empreendedora • Foco no cliente • Integrador • Domina a função	• Formador de pessoas • Comunicador • Motivador • Negociador • Favorece o trabalho em equipe
INDIVIDUAIS: • Ética • Coerência • Tomada de decisão • Humildade	

Fonte: Manual do Líder 2001.

As competências buscadas pela Embraer em seus líderes inserem-se em três grandes áreas de competências: de competitividade, interpessoais e individuais.

A relação de competências tem a função de levar às lideranças parâmetros para suas reflexões frente ao desafio de coordenar os esforços de sobrevivência, crescimento e continuidade da empresa. Além disso, serve como orientação no desenvolvimento de ações de formação.

A competitividade caracteriza-se por competências que se relacionam a uma busca de incremento do negócio da empresa, e é uma área composta pela visão de negócios, foco no cliente, capacidade integradora e domínio da função. Os conceitos e as formas que caracterizam estas competências estão descritos na Tabela 7.3.

Outra área que a Embraer procura desenvolver em suas lideranças está relacionada às competências interpessoais, as quais envolvem a formação de pessoas, comunicação, negociação e o favorecimento do trabalho em equipe. Os conceitos e formas que assumem estas competências são descritos na Tabela 7.4.

---

[1] A competência é entendida pela empresa como a transformação de conhecimentos, experiências e habilidades em ações e resultados. Embora formalmente registrada no Manual de Desenvolvimento de Lideranças, o conceito não é consenso em toda a área de recursos humanos.

Tabela 7.3
Conceitos e Formas das Competências da Competitividade

Competências	Conceitos	Formas que assumem
Visão de negócios	Envolve conhecimento dos mercados, clientes, produtos, fornecedores e o ambiente de negócios da empresa em grau suficiente para posicionar-se neste processo, alinhando suas ações às da organização	• Conhecimento e apropriação do negócio que lhe foi delegado • Capacidade de perceber e promover interfaces com o restante da empresa • Definição de prioridades, estratégias e resultados, a partir de correta leitura dos cenários e interfaces, coerentes com os estabelecidos/obtidos pela empresa
Foco no cliente	Priorização do cliente nas estratégias de trabalho, com o oferecimento de produtos e serviços que possuam qualidade diferenciada. Também existe a antecipação na busca de soluções de excelência para as suas necessidades	• Percebem o que é crítico para o cliente e mobilizam os esforços e recursos para seu atendimento • Antecipam-se às necessidades dos clientes e as classificam como suas prioridades mais altas • Reconhecem a qualidade como item essencial para o atendimento dos clientes, demonstrando tal postura na prática
Integrador	Conciliação de objetivos específicos das áreas com os resultados globais da empresa, o que leva a compreender e facilitar as inter-relações de uma área específica com as demais, possibilitando a visão sistêmica e sinérgica	• Perceber nas ações de outros setores da empresa o efeito dos resultados obtidos • Avaliar a intensidade da influência que sua área causa no desempenho de outras existentes na empresa • Alinhar os resultados entre os setores através da comunicação contínua
Domina a função	Capacidade de, dispondo de espaço adequado ao exercício da liderança, conhecer os aspectos sociais, técnicos e funcionais da área de atuação	• Ter os conhecimentos funcionais necessários para representar a equipe quando necessário • Capacidade de priorizar o trabalho, ainda que sob pressão, obtendo os melhores resultados • Utilização dos especialistas de sua equipe para apoiarem-no em suas decisões sem perder a noção do todo

Fonte: Manual do Líder 2001.

Com relação às habilidades individuais, a Embraer procura desenvolver uma série de competências em suas lideranças, tais como: ética, coerência, capacidade de tomada de decisão e humildade. Seus conceitos e formas assumidos são descritos na Tabela 7.5.

O conjunto de competências destacadas pela Embraer representa uma busca pelo desenvolvimento de habilidades que permitem atuar em contextos altamente competitivos e, conseqüentemente, sujeitos a desafios inesperados.

O perfil do líder Embraer foi estabelecido em 2000 e a partir dele a empresa chegou a realizar avaliações de 360° para checar o quanto seus líderes

Tabela 7.4
Conceitos e Formas das Competências Interpessoais

Competências	Conceitos	Formas que assumem
Formador de pessoas	Representa a capacidade de compartilhar, orientar e transmitir conhecimentos organizacionais, técnicos e comportamentais	1. Dar retorno construtivo para a equipe, pares e superiores, procurando melhorar o desempenho dela de forma contínua, com energia e determinação 2. Capacidade de identificar de forma objetiva e eficaz as ações de ET&D, para a melhoria dos desempenhos individuais ou da equipe 3. Saber entender e aceitar o erro como parte do aprendizado, utilizando-o como oportunidade de educar 4. Exercer a delegação de forma apropriada 5. Formar sucessores para seu próprio cargo e para outros na empresa
Comunicador	Compartilhamento de informações, idéias, sugestões, críticas, valores, credos, objetivos e estratégias com tal clareza que possibilite o entendimento pleno entre as partes, priorizando o contato pessoal, servindo para o alinhamento e a clareza no relacionamento	1. Exercer a persuasão pela lógica, saber ouvir, perceber o ambiente e considerar os argumentos dos outros 2. Fazer da comunicação um instrumento de busca permanente de alinhamento 3. Apresentar objetividade e clareza para transmitir e expressar idéias e informações verbais e escritas, ou dar feedback 4. Praticar uma comunicação aberta, direta, em tempo, dialogada e lateralmente 5. Valorizar o relacionamento pessoal e social
Negociador	Estabelecer acordos cooperativos envolvendo diferentes contextos e níveis hierárquicos, lidando com barreiras internas e/ou externas, criando uma relação de ganhos mútuos entre as partes	1. Apresentar conhecimento prévio do assunto ou da situação, mantendo-se atualizado 2. Conduzir sempre negociações de forma a realizar os interesses empresariais 3. Posicionar-se de forma a externalizar e sustentar seus pontos de vista, compatibilizando interesses diversos
Motivador	Perceber em cada indivíduo o que o mobiliza para o trabalho e focar sua conduta no estabelecimento de um ambiente estimulante para o alcance de resultados e superação de obstáculos	1. Mobilizar em prol de um objetivo comum 2. Praticar uma comunicação clara e objetiva, reconhecer um trabalho bem feito e dar feedback 3. Espalhar ânimo e ser fonte geradora de energia para o alcance de resultados 4. Provocar nas pessoas o desejo de progredir
Favorece o trabalho em equipe	Promoção de um ambiente desafiante, integrando pessoas através do compartilhamento de objetivos comuns, formando competências e estimulando a cooperação	1. Acreditar e estimular a cooperação como meio de viabilizar o trabalho em equipe 2. Favorecer o espírito de equipe, privilegiando o resultado final do grupo em relação ao resultado individual 3. Reconhecer e respeitar as diferenças de opinião, potencializando as competências da equipe 4. Saber direcionar sua equipe para alavancar resultados

Fonte: Manual do Líder 2001.

formais atendiam do perfil, chegando, inclusive, a realizar planos de desenvolvimento individuais e de grupos para algumas áreas; muito próximo do que é

Tabela 7.5
Conceitos e Formas das Competências Individuais

Competências	Conceitos	Formas que assumem
Ética	Ser íntegro e leal às pessoas e à organização, valorizar a honra e a justiça, identificar-se com os ideais de qualidade e serviço ao cliente, estimular seu grupo dentro de altos padrões morais, com o respeito à diversidade	1. Respeito à adversidade 2. Agir sem discriminação e preconceito sobre situações individuais 3. Ter a honestidade como direcionador dos relacionamentos 4. Agir com transparência 5. Tratar como confidencial tudo que não se declara publicamente 6. Acreditar que na indústria aeronáutica errar é humano e omitir o erro é crime
Coerência	Compatibilizar suas crenças pessoais com as da organização, agindo, mesmo em momento de pressão, com equilíbrio, justiça e imparcialidade	1. Discurso é sempre igual à prática 2. Ponderar visões diferentes para formar sua opinião 3. Seguir critérios claros e objetivos, visando à imparcialidade na decisão e no trato
Tomada de decisão	Assumir riscos com base no julgamento objetivo da situação, aliando sua percepção e intuição, além de não se omitir	1. Demonstrar tendência para a ação mesmo com dados incompletos, responsabilizando-se pelos riscos inerentes 2. Saber buscar apoio adequado para tomar uma decisão com poucos precedentes 3. Buscar informação (além de apoio) para tomada de decisão 4. Demonstrar coragem e autoconfiança na maioria das situações 5. Tomar decisão no momento certo
Humildade	Transitar nas várias esferas de relacionamento, independentemente da hierarquia, percebendo-se em contínuo desenvolvimento e utilizando as experiências como lições aprendidas. É desprendido do *status* que possui	Observada no líder cuja postura é a de valorizar o que está certo, e não quem está certo

Fonte: Manual do Líder 2001.

proposto como sistema de desenvolvimento do elemento "liderar competências" apresentado no Capítulo 3 (Operacionalizando o Modelo de Gestão Humana).

7.4 Sistema de Educação, Treinamento e Desenvolvimento (ET&D)

As ações de ET&D da Embraer buscam evidenciar as competências necessárias ao alcance de resultados. Em função disso, procura-se melhorar continuamente o desempenho dos membros da empresa, além de promover a sua capacitação.

A estratégia de ET&D está enfocada na qualificação e no desenvolvimento. A qualificação envolve a capacitação técnica; o desenvolvimento, a ampliação do nível de competências necessárias às atividades da empresa. O processo geral pode ser visualizado na Figura 7.5.

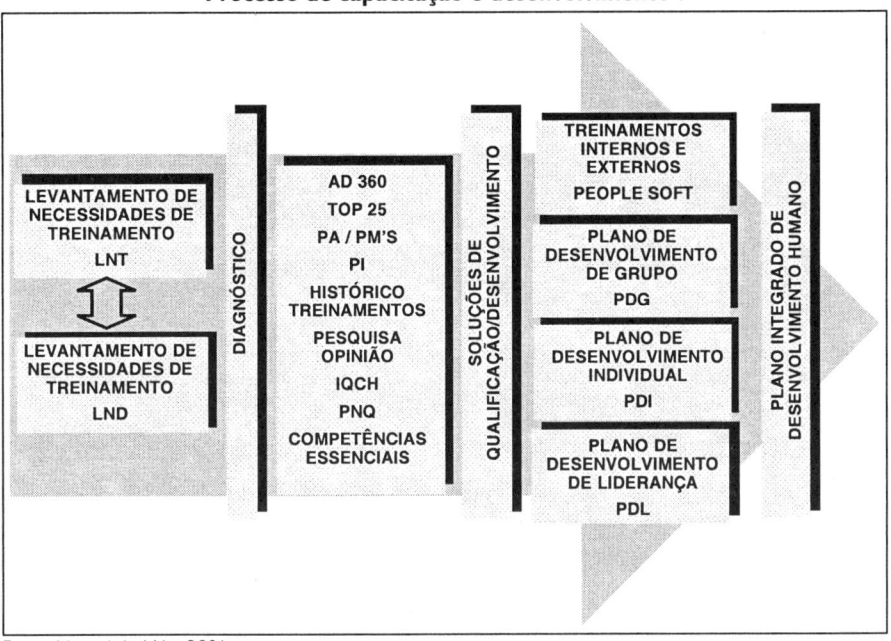

Figura 7.5
Processo de capacitação e desenvolvimento[2].

[Diagrama com as seguintes colunas:

LEVANTAMENTO DE NECESSIDADES DE TREINAMENTO - LNT / **LEVANTAMENTO DE NECESSIDADES DE TREINAMENTO - LND**

DIAGNÓSTICO: AD 360, TOP 25, PA/PM'S, PI, HISTÓRICO TREINAMENTOS, PESQUISA OPINIÃO, IQCH, PNQ, COMPETÊNCIAS ESSENCIAIS

SOLUÇÕES DE QUALIFICAÇÃO/DESENVOLVIMENTO: TREINAMENTOS INTERNOS E EXTERNOS, PEOPLE SOFT, PLANO DE DESENVOLVIMENTO DE GRUPO - PDG, PLANO DE DESENVOLVIMENTO INDIVIDUAL - PDI, PLANO DE DESENVOLVIMENTO DE LIDERANÇA - PDL

PLANO INTEGRADO DE DESENVOLVIMENTO HUMANO]

Fonte: Manual do Líder 2001.

A identificação das demandas de qualificação é feita por meio do gestor com a participação do colaborador. O procedimento envolve a análise do processo de trabalho do colaborador, perfil de cargo, metas do setor e eventuais carências detectadas em sua avaliação. A síntese do processo pode ser visualizada na Figura 7.6.

Por sua vez, as demandas por desenvolvimento são caracterizadas e validadas nos setores por meio de diagnósticos integrados que envolvem diversas metodologias. Essa sistemática abrange avaliações tanto individuais quanto setoriais e resulta em um diagnóstico geral das áreas funcionais e nos planos de desenvolvimento de lideranças (PDL), de grupos (PDG) e de indivíduos (PDI). Igualmente, ocorre uma etapa de validação das sugestões deste processo junto aos gestores das áreas. As etapas do processo podem ser visualizadas na Figura 7.7.

---

[2] Na figura, PNQ significa os critérios do Prêmio Nacional da Qualidade; e TOP 25, um programa de identificação dos potenciais líderes em cada área.

Figura 7.6
Identificação das demandas de qualificação[3].

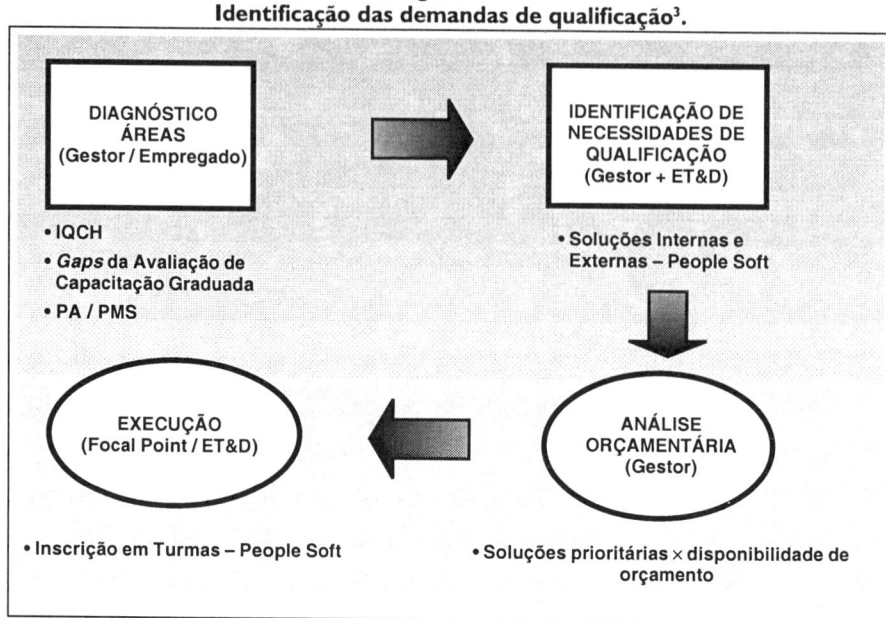

```
┌─────────────────────┐              ┌─────────────────────────┐
│    DIAGNÓSTICO      │              │   IDENTIFICAÇÃO DE      │
│       ÁREAS         │   ══════▶    │    NECESSIDADES DE      │
│ (Gestor / Empregado)│              │     QUALIFICAÇÃO        │
└─────────────────────┘              │    (Gestor + ET&D)      │
                                     └─────────────────────────┘
• IQCH
• *Gaps* da Avaliação de                • Soluções Internas e
  Capacitação Graduada                    Externas – People Soft
• PA / PMS

                                              ▼
       ╭───────────────╮                ╭──────────────╮
       │   EXECUÇÃO    │   ◀══════      │   ANÁLISE    │
       │(Focal Point / │                │ ORÇAMENTÁRIA │
       │    ET&D)      │                │   (Gestor)   │
       ╰───────────────╯                ╰──────────────╯

• Inscrição em Turmas – People Soft    • Soluções prioritárias × disponibilidade de
                                         orçamento
```

Fonte: Manual do Líder 2001.

Figura 7.7
Caracterização das demandas por desenvolvimento humano[4].

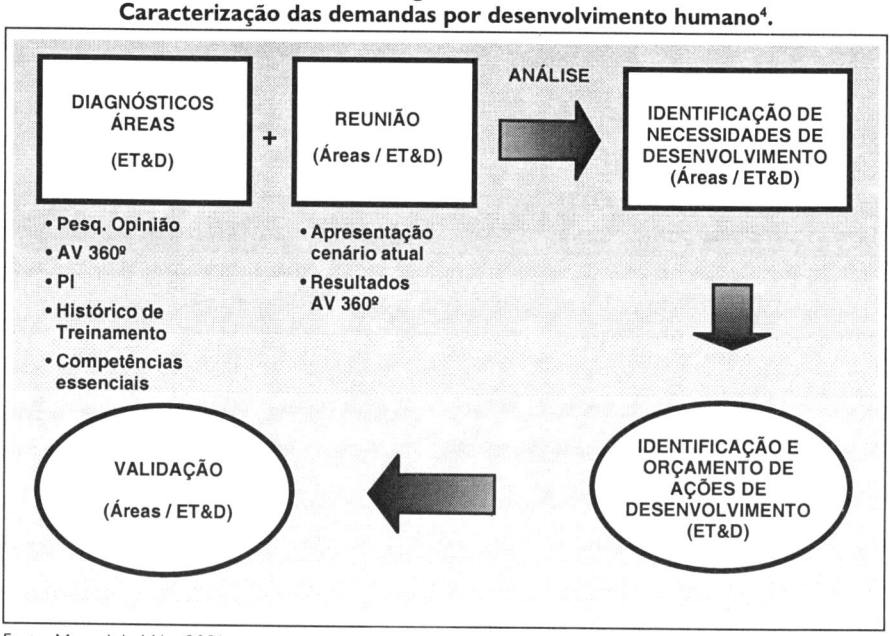

```
┌──────────────┐      ┌──────────────┐   ANÁLISE    ┌──────────────────┐
│ DIAGNÓSTICOS │      │   REUNIÃO    │              │ IDENTIFICAÇÃO DE │
│    ÁREAS     │  +   │              │   ══════▶    │  NECESSIDADES DE │
│   (ET&D)     │      │(Áreas / ET&D)│              │  DESENVOLVIMENTO │
└──────────────┘      └──────────────┘              │  (Áreas / ET&D)  │
                                                    └──────────────────┘
• Pesq. Opinião        • Apresentação
• AV 360°                cenário atual
• PI                   • Resultados
• Histórico de           AV 360°
  Treinamento
• Competências                                             ▼
  essenciais
                                                   ╭──────────────────╮
       ╭──────────────╮                            │  IDENTIFICAÇÃO E │
       │  VALIDAÇÃO   │    ◀══════                 │   ORÇAMENTO DE   │
       │              │                            │     AÇÕES DE     │
       │(Áreas / ET&D)│                            │  DESENVOLVIMENTO │
       ╰──────────────╯                            │      (ET&D)      │
                                                   ╰──────────────────╯
```

Fonte: Manual do Líder 2001.

---

[3] *People Soft* é o software utilizado pela Embraer para gestão de recursos humanos.
[4] AV 360° significa avaliação de desempenho 360°.

Já para o desenvolvimento de lideranças, a empresa criou um plano que procura aperfeiçoar ou desenvolver as competências identificadas como necessárias a este papel. O plano é progressivo e divide-se em quatro fases não seqüenciais, e é possível ser visualizado na Figura 7.8.

**Figura 7.8
Plano de treinamento de lideranças.**

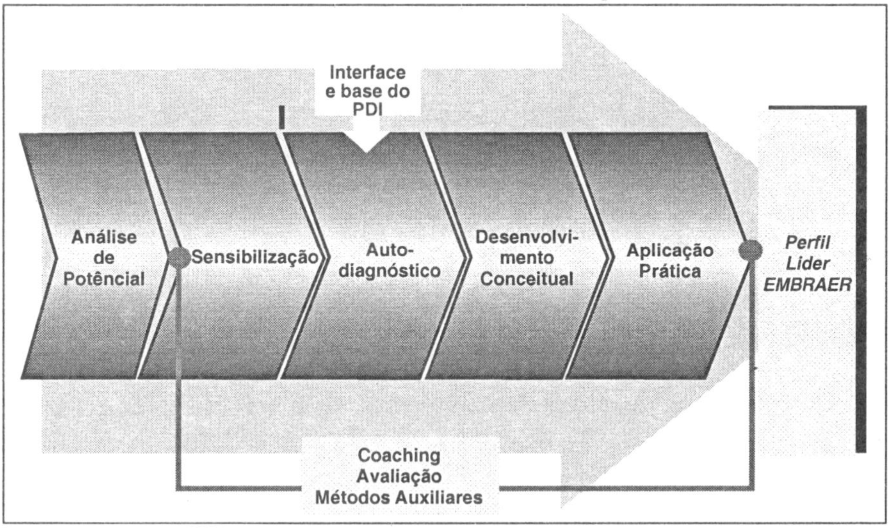

[Fluxo: Análise de Potencial → Sensibilização → Auto-diagnóstico → Desenvolvimento Conceitual → Aplicação Prática → Perfil Líder EMBRAER. Interface e base do PDI. Coaching, Avaliação, Métodos Auxiliares.]

Fonte: Manual do Líder 2001.

A fase de sensibilização do plano envolve palestras e vivências de curta duração que informam os pontos-chave das competências necessárias à liderança. A fase de autodiagnóstico procura comprometer o líder com sua capacitação através da identificação de suas necessidades. A fase de geração do conhecimento envolve treinamento. Finalmente, a fase de aplicação prática procura efetivar o que foi desenvolvido no líder. Todo o processo recebe o suporte de um *coach*, que atua como um tutor.

Com relação ao seu panorama geral, as ações de ET&D resultam de forma objetiva em procedimentos de treinamento, voltados a diversas categorias funcionais e áreas específicas do conhecimento. Uma visão quantitativa destas ações pode ser visualizada na Figura 7.9.

O sistema de ET&D da Embraer representa um importante elemento na busca do desenvolvimento da organização, fato potencializado pela necessidade intensiva de uso e geração de novos conhecimentos. Pode-se afirmar que este sistema é exemplo para outras empresas.

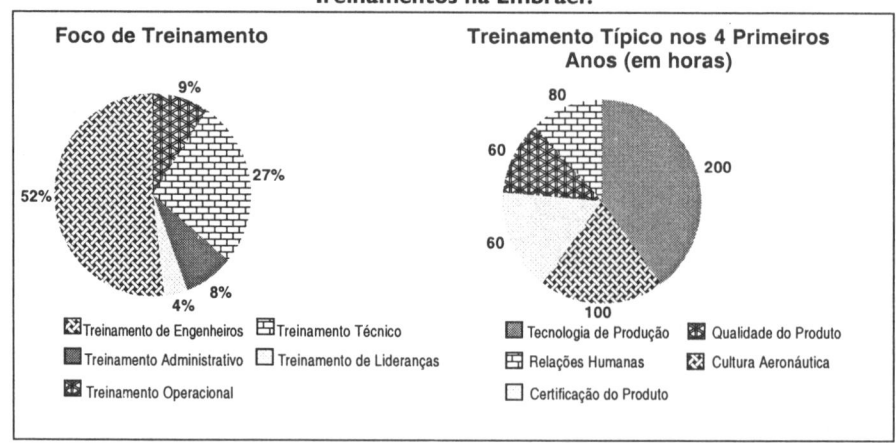

Figura 7.9
Treinamentos na Embraer.

Foco de Treinamento
- 9%
- 27%
- 52%
- 8%
- 4%

▨ Treinamento de Engenheiros ⊞ Treinamento Técnico
■ Treinamento Administrativo ☐ Treinamento de Lideranças
⁙ Treinamento Operacional

Treinamento Típico nos 4 Primeiros Anos (em horas)
- 80
- 60
- 200
- 60
- 100

▨ Tecnologia de Produção ▨ Qualidade do Produto
⊞ Relações Humanas ▨ Cultura Aeronáutica
☐ Certificação do Produto

Fonte: Relatório Anual 2001.

7.5 O Programa Boa Idéia

Um destaque que se apresenta nos sistemas e práticas da Embraer é o "Programa Boa Idéia". O programa envolve a premiação dos funcionários que apresentem idéias construtivas e criativas que contribuam para o crescimento e o desenvolvimento da empresa.

As idéias dos funcionários devem ser redigidas em um formulário e encaminhadas ao comitê gestor. São, então, avaliadas quanto à viabilidade e pontuadas de acordo com critérios relacionados a:

- qualidade do processo;
- satisfação do cliente;
- qualidade do produto;
- redução do custo;
- segurança corporativa;
- segurança ocupacional ou ergonomia;
- meio ambiente;
- qualidade de vida;
- imagem da empresa;
- tempo de retorno de investimentos ou da satisfação do cliente.

As idéias aprovadas são cadastradas em um banco de dados informatizado. No final de um trimestre, a coordenação do programa realiza o levantamento de até 100 idéias que tenham obtido uma boa pontuação, além de terem sido implantadas. Ao final de um semestre, o comitê executivo do programa, formado pelos vice-presidentes da empresa, selecionará até 20 idéias implantadas e bem pontuadas. As idéias selecionadas são premiadas com um percentual do ganho líquido que proporcionaram, normalmente cerca de 10%.

O programa procura envolver funcionários e gestores numa busca criativa e participativa de novas idéias, estimulando seu uso na melhoria do desempenho organizacional. Os números apresentados pelo programa podem ser visualizados na Figura 7.10.

Figura 7.10
Desempenho do "Programa Boa Idéia".

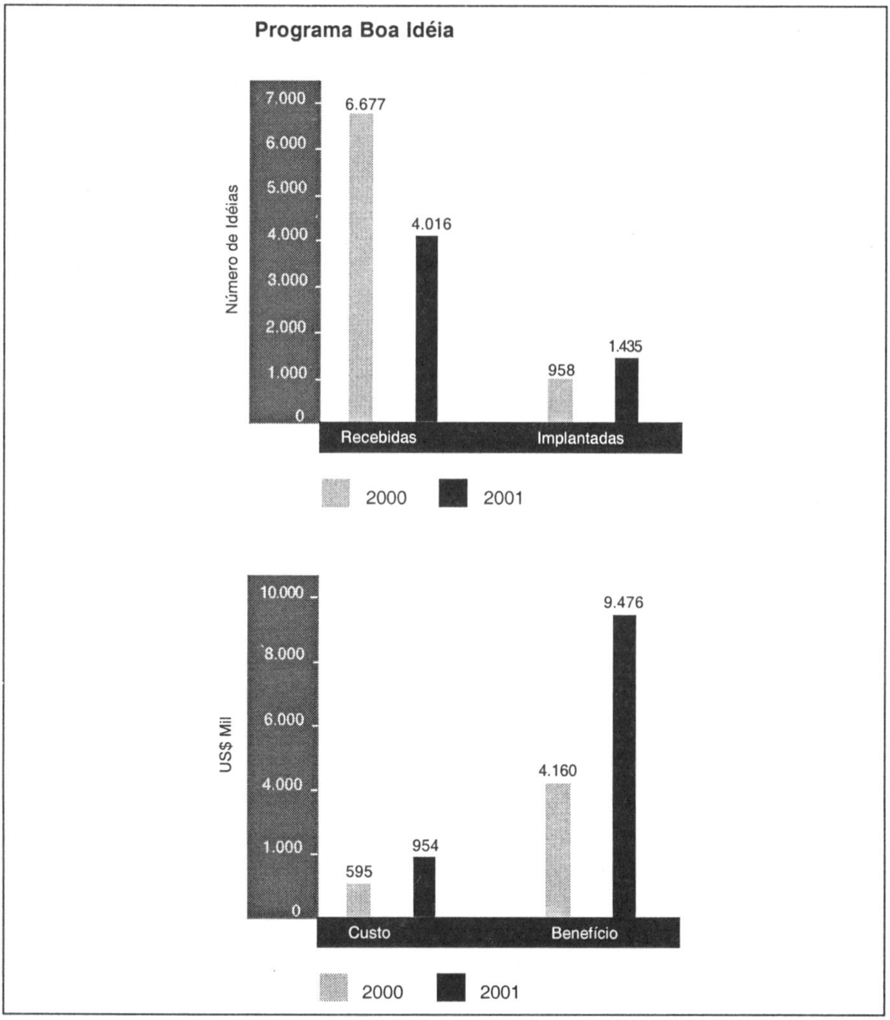

Fonte: Relatório Anual 2001.

7.6 Resumo

Este capítulo enfoca os sistemas e práticas utilizados na Embraer com relação à Gestão Humana, com enfoque para aqueles ligados diretamente à temática do livro. Nessa perspectiva, foram abordados: política de remuneração; recrutamento e seleção; desenvolvimento de lideranças; sistema de educação; treinamento e desenvolvimento; e o "Programa Boa Idéia". Os parâmetros de remuneração utilizados pela Embraer foram estabelecidos buscando atender a questões como exigências legais, acordos trabalhistas, conveniências técnicas e econômicas, prevalecendo as razões econômicas sobre as puramente técnicas. Suas diretrizes são a busca de eqüidade, justiça, valorização do autodesenvolvimento das competências do empregado, estrutura do plano de remuneração e carreiras. Apresentam, em sua constituição, dois elementos básicos: indicador de qualificações, competências e habilidades (IQCH) e o plano de cargos. O IQCH é um instrumento que contém informações detalhadas sobre as características do cargo e os requisitos do seu ocupante. Seus indicadores são: atividades e atribuições, qualificações e conhecimentos, ferramentas, equipamentos e cursos, competências específicas, habilidades e conduta, treinamento necessário, indicadores de carreira (horizontal e vertical) e certificação. O plano de cargos busca classificar em categorias os cargos similares segundo requisitos de qualificações, competências e habilidades, preocupando-se com o equilíbrio interno e externo. É classificado nas categorias: operacional, administrativo, técnico, engenheiro, profissional e liderança, e a estrutura salarial é classificada em faixa, módulos e steps (degraus). A remuneração variável está associada aos resultados empresariais obtidos pela Embraer, procurando estimular a produtividade, a qualidade e o desenvolvimento organizacional, através do envolvimento, do comprometimento e do melhor desempenho dos empregados. Sua sistemática procura alinhar os objetivos individuais com os empresariais. É aplicada a todos os empregados da Embraer, contratados há pelo menos seis meses do período de exercício da participação nos lucros ou resultados, e o valor global de remuneração é variável, distribuído igual a 25% dos dividendos atribuídos aos acionistas em relação ao período. A participação individual está condicionada à avaliação de desempenho e tem como pré-requisito mínimo o alcance de 75% dos objetivos expressos nos planos de ação e planos de metas setoriais, além de ser proporcional ao grau de atendimento. O recrutamento e a seleção envolvem a busca e a atração de candidatos de fora da empresa, que satisfaçam os requisitos de qualificação, competência e habilidades nos cargos, definidos pela Embraer. O recrutamento é tanto interno quanto externo. As técnicas de seleção envolvem: entrevistas individuais/grupo, dinâmicas de grupo, testes psicológicos e provas situacionais. São usadas em ambientes específicos ou de trabalho. O desenvolvimento de lideranças está ligado aos desafios de acelerado ritmo de crescimento e transformação da empresa, sua atuação global, ingresso massivo de novos empregados e agregação de novos líderes. O perfil do líder da empresa envolve competência nas áreas de: competitividade, como visão de negócios, foco no cliente, integrador, domínio da função; interpessoalidade, como formador de pessoas, comunicador, negociador, motivador e favorecedor do trabalho em equipe; e individuais, que são a ética, a coerência, a tomada de decisão e a humildade. O sistema de educação, treinamento e desenvolvimento (ET&D) busca evidenciar as competências necessárias ao alcance de resultados. A demanda de qualificação é feita pelo gestor juntamente com o colaborador. O procedimento envolve a análise do processo de trabalho do colaborador, o perfil de cargo, as metas do setor e as eventuais carências detectadas em sua avaliação. As demandas por treinamento & desenvolvimento são caracterizadas e validadas nos setores por meio de diagnósticos integrados que envolvem diversas metodologias. Abrangem avaliações tanto individuais quanto setoriais e resultam em um diagnóstico geral das áreas funcionais e nos planos de desenvolvimento de lideranças (PDL), de grupos (PDG) e de indivíduos (PDI). O "Programa Boa Idéia" envolve a premiação dos funcionários que apresentem idéias construtivas e criativas que contribuam para o crescimento e o desenvolvimento da empresa. As idéias são avaliadas quanto a critérios como: qualidade do processo, satisfação do cliente, qualidade do produto, redução do custo, segurança corporativa, ergonomia, meio ambiente, qualidade de vida, imagem da empresa, tempo de retorno de investimento e satisfação do cliente. As idéias são pontuadas, cadastradas em um banco de dados informatizado e avaliadas trimestralmente por um comitê que seleciona até 20 que tenham sido implantadas e bem pontuadas. Os autores são premiados com percentual do ganho líquido obtido com a idéia, normalmente cerca de 10%.

Capítulo 8

O Modelo na Prática

Neste capítulo, é analisada a relação entre o modelo de Gestão Humana proposto neste livro em confronto com a realidade de uma empresa intensiva em capital intelectual, no caso a Embraer. Essa análise é sintetizada na Tabela 8.1. Nela, o modelo proposto é utilizado como referência para definição de oportunidades de melhorias, com base no estágio das práticas e dos sistemas existentes na empresa no período de 2000 a 2001. Dessa forma, é possível um entendimento mais claro das características e possibilidades do Modelo de Gestão Humana para Empresas Intensivas em Capital Intelectual.

Um detalhamento aprofundado da relação modelo × prática é realizado nos itens a seguir.

8.1 Visão sistêmica

Há, na empresa, o entendimento da necessidade da existência de uma postura diretiva e gerencial que busque o enfoque sistêmico. Também existe a mesma abordagem desenvolvida nos subsistemas de educação, desenvolvimento, treinamento e de remuneração. Tais subsistemas equivalem no modelo proposto aos elementos de desenvolver e compensar competências, respectivamente.

Todavia, não há existência de uma clara visão sistêmica entre todos os elementos e a sua integração num modelo mais amplo. Além disso, inexiste a

Tabela 8.1
Análise do Grau de Presencialidade do Modelo Proposto e Recomendações para Melhoria do Sistema de Gestão Humana da Embraer

Componentes do Modelo		Situação Atual na Embraer S.A.	Oportunidades de Melhorias
Visão sistêmica		Abordagem sistêmica em desenvolvimento	Catalisar este desenvolvimento através da implantação do modelo proposto
Conceito de competência		Ausência de alinhamento dos conceitos entre pessoas, sistemas e processos	Definir acordo semântico integrador e adotá-lo plenamente
Papéis	Parceiro estratégico	Papel exercido de forma centralizada	Descentralizar o papel difundido aos responsáveis. Alinhar processos e sistemas aos objetivos, estratégias e competências essenciais da Embraer
	Expert administrativo	Papel de melhoria de processos plenamente exercido através da prática de programas de ação, embora com pouca integração e sinergia conceitual	Alinhar e integrar sinergicamente. Definir valor agregado ao negócio e redesenhar os processos e estruturas de RH com base em referenciais teóricos e práticos classe mundial
	Agente de mudança	Papel em início de atuação e experimentação	Desenvolver plenamente o papel de forma integrada e alinhada a outros vetores de Desenvolvimento Organizacional – DO, para liderar o processo e fortalecer o entendimento do que é o DO e qual o papel de RH neste contexto
	Empregado campeão	A gestão de pessoas é responsabilidade dos gestores. Atuação de Recursos Humanos possibilita fortalecer este papel em nível de departamentos e diretorias	Ampliar e fortalecer este papel através de ações, práticas e sistemas corporativos
Direcionar competências		*Ad hoc*, pouco estruturado e em alguns casos desalinhado das competências do negócio Embraer, que não estão claramente definidas	Realizar direcionamento de competências alinhado ao negócio Embraer possuindo desdobramento lógico. Este desdobramento é um dos pilares da atividade de DO Corporativo. Integrar a definição de competência à metodologia do PA
Prover competências		Processos, sistemas e práticas de recrutamento e seleção considerados referenciais	Sistema já em fase de melhoria e consolidação
Aplicar competências		Atividade de desenho de cargo e reestruturação, desordenada e desalinhada em termos de modelo organizacional para toda a corporação. Pouca consideração das características individuais mais profundas com o cargo (perfil, competências e interesse/vontade)	Consensar modelo de reestruturação organizacional e ordenar corporativamente. Considerar mais profundamente as características individuais na alocação de pessoas a cargos
Compensar competências		Sistema de remuneração e benefícios bem estruturado	Sistema já em fase de melhoria e consolidação

(continua)

Tabela 8.1 (*continuação*)
Análise do Grau de Presencialidade do Modelo Proposto e Recomendações para Melhoria do Sistema de Gestão Humana da Embraer

Componentes do Modelo	Situação Atual na Embraer S.A.	Oportunidades de Melhorias
Desenvolver competências	Forte atuação em nível de grupo e início de atuação em nível individual	Ampliar e consolidar atuação em nível individual
Gerenciar desempenho de competências	Sistema estruturado	Aprimorá-lo, transformando-o em elemento integrador dos demais elementos. Exemplo: elaboração do Plano de Desenvolvimento Individual – PDI e definição de objetivos de carreira
Monitorar competências	Software em fase de implantação	Integrar os sistemas de informações ao conceito de competência
Comprometer competências	Ausente	Implantar e integrar aos demais elementos
Liderar competências	Ênfase no gestor como gestor de pessoas	Falta capacitá-los e desenvolvê-los como efetivos líderes de pessoas/competências, através do uso de um modelo integrado de gestão e atividades de supervisão das práticas por parte de RH
Indivíduo	A interação com os indivíduos fica a cargo do estilo de cada gestor. Poucos indivíduos gerenciam suas próprias competências	Ampliar significativamente a ênfase no tratamento individual, através dos gestores, mas com coordenação e supervisão mínima corporativa. É necessário gerenciar o clima de motivação e comprometimento em nível individual, conhecendo mais profundamente as características e motivações de cada um. É necessário que o indivíduo se torne líder de sua própria carreira, desenvolvimento e comprometimento. É necessário deixar claras as expectativas de competências por parte da Embraer

integração entre o modelo de gestão humana da empresa e as outras áreas de desenvolvimento organizacional. Por exemplo, a gestão da qualidade total e estratégica. O próprio contato e a interação da área de recursos humanos com estas áreas são raros.

Em contraposição a essa situação, emerge como proposta apresentar e adotar o novo modelo como referência para a área de recursos humanos e outras relacionadas à mudança organizacional, uma vez que este apresenta, de forma detalhada, como cada elemento ou subsistema de recursos humanos interage entre si e com os direcionamentos estratégicos ou processos de mudança organizacional. Estes últimos normalmente requerem mudança comportamental, explicitada, no modelo, através do elemento direcionar competências, sendo ainda desenvolvida e compensada, por exemplo.

8.2 Conceito de competência

Durante a análise da Embraer, foi constatado que não havia um entendimento claro sobre o conceito de competência entre as diversas áreas de recursos humanos. Também não havia a busca de um consenso entre as áreas a respeito de um acordo semântico, o qual é essencial para integração dos diversos sistemas e práticas.

A partir dessa constatação, foi divulgada pelo autor desta obra, entre os principais especialistas e gestores da área de recursos humanos, uma proposta de acordo semântico, apresentada na Figura 8.1. Foi uma iniciativa para promover um consenso em torno do conceito de competência e seu papel de integração com os elementos do modelo de Gestão Humana para empresas intensivas em capital intelectual e outras áreas de desenvolvimento organizacional. Essa proposta apresentou como o conceito de competência poderia ser trabalhado pelos sistemas, práticas e ferramentas de gestão humana disponíveis para uso na Embraer.

A seguir, houve outra iniciativa em conceituar o que era competência para a Embraer. Ela foi liderada pela Área de Remuneração e apoiada pelo consultor e autor Enio Resende, os quais estavam conduzindo uma revisão no plano de remuneração. Essa iniciativa, encabeçada pelo consultor, influenciou indiretamente o destaque da questão. Tratou-se de uma nova tentativa em evidenciar, aos principais líderes da área, a importância do entendimento e consenso a respeito do conceito para integração das áreas de recursos humanos.

Infelizmente, a iniciativa ficou apenas em uma apresentação daquilo que o consultor entendia como competências[1]. Não foi proposto um acordo semântico, nem buscada a convergência do conceito como elemento integrador. Contrariamente, ao invés da preocupação de se chegar a um consenso e convergência sobre o conceito, o enfoque foi de ampliá-lo apresentando-o sob as mais diversas formas e contextos. Isso acabou por englobar conhecimento, habilidade, aptidão, conduta, qualificação, valores, princípios, capacitação, eficiência, eficácia, e até mesmo deixando um espaço em aberto denominado "outros", mostrando uma clara preocupação na amplitude do conceito.

A importância de se ter uma convergência no conceito de competência parte do importante papel que tem no modelo de Gestão Humana proposto,

---

[1] Descritas de forma detalhada em seu livro intitulado "O Livro das Competências" (Resende, 2000).

como elemento integrador de todos os seus componentes, principalmente seus sistemas e práticas. Tal fato não era preocupação da iniciativa da Área de Remuneração na ocasião em que estava orientando a revisão do plano de remuneração, cuja estrutura já existente estava sendo remodelada. Assim, o foco do conceito de competência era quanto ao subsistema de remuneração e não quanto à gestão humana como um todo e sua integração estratégica.

A preocupação com relação à inexistência de um acordo semântico entre todas as áreas de recursos humanos representa uma dificuldade à medida que a não integração de conceitos conduz naturalmente a divergência e dificuldade de integração entre os principais sistemas e práticas de recursos humanos. Esta preocupação é antecedida pelo entendimento de que deve haver uma clara integração sistêmica entre as diversas áreas e práticas de recursos humanos como pré-condição para um maior grau de sinergia, eficácia e eficiência.

Como já foi observado, embora houvesse uma preocupação diretiva e gerencial de que todos os funcionários da área de recursos humanos tivessem uma visão sistêmica da própria área, e principalmente da empresa, isto era mais um princípio gerencial do que algo operacional, uma vez que faltavam referenciais claros de como fazer isso. Essa particularidade não é um privilégio da Embraer, é resultado da carência geral de modelos de gestão com ênfase sistêmica que mostrem efetivamente como operacionalizá-la.

Assim, surge, como orientação quanto ao conceito de competência na Embraer, a necessidade de se convergir para um acordo semântico entre as áreas envolvidas e adotá-lo como elemento integrador, conforme proposto no modelo de Gestão Humana.

8.3 Os papéis

Tendo como base a discussão sobre os papéis a serem assumidos pela área de Recursos Humanos[2], a situação ideal é a existência de um equilíbrio entre as quatro possibilidades de papéis e aquilo que é realizado pela área de recursos humanos. No modelo, dependendo do contexto e das prioridades que a organização vivencia, é destacada a possibilidade de haver ênfase de um determinado papel. Tendo em vista essa possibilidade, cada um dos papéis será discutido.

O *papel de Parceiro Estratégico* era exercido de forma centralizada pelo diretor de recursos humanos, sendo destacado em seu documento de

---

[2] Parceiro Estratégico, *Expert* Administrativo, Empregados Campeões e Agente de Mudança, observado por Ulrich (1997) e incorporado ao modelo de Gestão Humana.

Figura 8.1
Visão do conceito de competência versus elementos do modelo na Embraer S.A.

Partes do Conceito de Competência	Direcionamento	Provimento	Aplicação	Compensação	Gerenciamento de Desempenho	Desenvolvimento	Monitoração	Comprometimento	Liderança	Indivíduo
Habilidade	x	x	x	x	x	x	x	x	x	x
Conhecimentos	x	x	x	x	x	x	x	x	x	x
Comportamentos	x	x	x	x	x	x	x	x	x	x
Características pessoais	x	x	x	x	x	x	x	x	x	x
Sistemas / Processos / Práticas de Gestão Humana	Desdobramento de Competências	Processo de Recrutamento e Seleção (externo e Interno)	Desenho de Cargo, Rotação de Cargo, Restruturação Organizacional e Plano de Sucessão	Plano de Cargos, Salário e Carreiras	Gestão do Desempenho, PA, 360 Graus, Avaliação Graduação	Processos de ET&D	People Soft e Outros Softwares de Sistemas de Informação	Gestão do Comprometimento	Gestão de Pessoas: uso dos sistemas / práticas de gestão humana	360 Graus, Avaliação Graduada, Pesquisa de Clima
Ferramentas / instrumentos de Gestão Humana	Competências Essenciais de Negócio	PI, Warteg, Entrevistas, Testes e Dinâmicas	PI, Mapeamento de Processos	Perfil de Cargo e Indicador de Capacitação Graduada	Avaliação de Capacitação Graduada e Avaliação 360 Graus	Desenv. de Lideranças, PDG e PDI		Pesquisa de Clima, Projetos Especiais e Alinhamento de Pessoas x Empresa.		PDI, Coathing, PNL e outras técnicas de autodesenvolvimento
Planejamento Estratégico Visão, Missão, Valores / Cultura, Competências Essenciais de Negócio e Estratéfias de Negócio	Habilidades, Comportamentos, Conhecimentos, Valores e Cultura ALVO	Alinhamento e Sinergia	Alinhamento e Sinergia	Alinhamento e Sinergia	Alinhamento e Sinergia	Alinhamento e Sinergia	Alinhamento e Sinergia	Alinhamento e Sinergia	Alinhamento e Sinergia	Plano Estratégico de Vida e Plano Anual
Desenvolvimento Organizacional - Modelos de Mudança Organizacional ex: Qualidade Total ou PNQ	Habilidades, Comportamentos, Conhecimentos, Valores e Cultura ALVO	Alinhamento e Sinergia	Alinhamento e Sinergia	Alinhamento e Sinergia	Alinhamento e Sinergia	Alinhamento e Sinergia	Alinhamento e Sinergia	Alinhamento e Sinergia	Alinhamento e Sinergia	Alinhamento e Sinergia

ELEMENTOS DO MODELO NO SENTIDO RESTRITO

programa de ação o exercício desse papel. Essa diretriz está presente na Tabela 6.1, onde se destaca claramente a mudança cultural necessária, a ser realizada, para enfrentar os desafios de crescimento da empresa. Frente ao que foi estabelecido pelo modelo de Gestão Humana deste trabalho, é necessária apenas a descentralização do processo, envolvendo ativamente as áreas táticas de recursos humanos e deixando-as a par das entradas e interações que promovem o direcionamento estratégico da área. Também se destaca a maior necessidade de operacionalização, de forma sistemática e ampla, do direcionamento estratégico, através dos sistemas e das práticas no elemento "direcionar competências", o que permitiria uma atuação mais descentralizada deste papel, exercida por todas as áreas.

O *papel de expert administrativo* é exercido plenamente. As áreas funcionais anualmente definem projetos de melhoria, os quais são implantados durante o ano. Todavia, ocorre pouca sinergia e integração conceitual entre as áreas, fato percebido espontaneamente e comentado pelas principais lideranças táticas, as quais solicitavam maiores espaços de integração, como reuniões gerenciais semanais. A forma necessária ao exercício pleno deste papel é a reestruturação de toda a área de recursos humanos, adotando um processo de reestruturação por processos, o qual deve considerar o modelo de gestão humana para empresas intensivas em capital intelectual como referência. Uma reestruturação por processos havia sido iniciada pela empresa; além de não utilizar este modelo como referência, não foi consolidada, tendo sido revertida mais tarde.

O *papel de empregados campeões* é exercido plenamente em primeira instância pelo gestor, que é preparado para ser gestor de pessoas. Em segundo plano, ele é apoiado pela área de recursos humanos avançados. Essa área, trabalhando com ferramentas como avaliação 360° e pesquisas de clima, procura assessorar o gestor na definição de ações e projetos de melhoria para ampliar o grau de motivação, satisfação e comprometimento de suas equipes. A oportunidade existente é a de ampliar o foco dos projetos para a corporação, uma vez que pouca sistemática e análise realizadas por essas mencionadas ferramentas foram utilizadas para definir projetos corporativos. O foco do processo ocorria em determinadas áreas-cliente, e, quando não havia consultores em número suficiente para atender determinadas áreas, estas simplesmente ficavam sem atendimento.

O *papel de agente de mudança* também é exercido pelo gestor de cada área, apoiado pela área de recursos humanos avançados e seus consultores internos. Frente ao modelo de Gestão Humana proposto, a oportunidade de melhoria estaria no foco de atuação dos agentes de mudança, o qual poderia ser ampliado e integrado aos programas de mudança organizacional em curso, principalmente a gestão estratégica. Foi constatado que o foco principal para as necessárias mudanças era a capacitação das pessoas. Apesar disso, havia pouca integração com relação aos programas de mudança em andamento, além de outros fatores, tais como estrutura, processos, sistemas de informação e prioridades resultantes de direcionamento estratégico. Ou seja, a mudança era mais focada em curtíssimo prazo e o foco em capacitação, o que é consistente para um primeiro momento, mas é necessário avançar.

8.4 Direcionar competências

O elemento "direcionar competências" é praticamente inexistente na empresa. Não existem práticas similares às que foram relatadas no modelo. Trata-se de uma grande oportunidade para melhorar o direcionamento estratégico de forma prática e objetiva.

O pouco que existe e que tenha um direcionamento estratégico é o já relatado no encaminhamento dado pelo programa de ação do diretor da área de Recursos Humanos, o qual realiza algumas conexões com as necessidades estratégicas da empresa. Além disso, existe o perfil do líder Embraer, o qual foi definido através de reuniões com um grupo de diretores, resultando em um perfil de líder entendido como o mais adequado para a empresa. A recomendação é a de uma implantação sistemática deste elemento através das suas principais práticas. Isso permitirá um forte e objetivo direcionamento da área de recursos humanos, além de um prático alinhamento com todos os programas de mudança, desenvolvimento organizacional e gerenciamento estratégico.

8.5 Prover competências

O elemento "prover competências" é plenamente implantado na Embraer. Na realidade, a empresa desenvolve e operacionaliza práticas e sistemas de referência, os quais permitem uma plena integração com o modelo de Gestão Humana para empresas intensivas em capital intelectual.

Um destaque fica para as ferramentas do *predictive index* e do processo de atração, identificação e inclusão de profissionais de alto potencial, os quais conseguem atrair profissionais de outros países, mesmo os desenvolvidos.

8.6 Aplicar competências

O elemento "aplicar competências" apresentou condições de ser amplamente implantado e aprimorado. As atividades de desenho de cargo desenvolvidas pela empresa, cujo resultado é a elaboração de perfil de cargo também conhecida como descrição de cargo, são realizadas diretamente com o gestor e têm, principalmente, a interação da área funcional de remuneração ou recrutamento e seleção. Possui, dessa forma, um foco direcionado para o elemento "prover competências" ou para o elemento "compensação".

Conforme proposto no modelo, aplicar competências vai muito mais além, é preciso criar um padrão para reestruturação organizacional e desenho de cargos com um foco sistêmico, preocupado, principalmente, com o elemento "direcionar competências". As reestruturações organizacionais que ocorrem na empresa são iniciativas dos gestores das áreas; não possuem um alinhamento, direcionamento ou integração corporativa. O resultado é a mais completa falta de eqüidade na estrutura organizacional das diversas áreas.

Quanto aos aspectos da aplicação dos novos indivíduos contratados, existem outras oportunidades para melhoria. O conceito de aplicação vai além de sua integração ao novo cargo. Existe uma similaridade com o que ocorre com um técnico de time esportivo; é necessário avaliar o desempenho e a vontade do jogador na nova posição, encontrando o melhor ajuste possível. É um processo contínuo, dadas as constantes mudanças da organização e dos próprios indivíduos.

A prática de avaliar se uma pessoa está plenamente identificada ou motivada com o seu cargo também deve exceder a jurisdição de seu chefe ou líder, pois este pode ser a causa da desmotivação, o que é bastante comum. Desta forma, é recomendável o uso de práticas como pesquisas de opinião, ou o superior imediato do chefe entrevistar formal ou informalmente a pessoa avaliada.

Como as competências das pessoas não são estáticas, ou seja, estão sempre se desenvolvendo, é conveniente a existência de um banco de dados (software) constantemente atualizado quanto a novas competências desenvolvidas. O mesmo deve ser utilizado para formação de equipes de projetos. Esse banco de dados poderia, ainda, mapear as áreas de interesse dos funcionários.

São úteis aqui também todas as práticas de avaliação de potencial e orientação profissional, como, por exemplo, o *predictive index*, para auxiliar a pessoa a se autoconhecer e, conseqüentemente, direcionar plenamente suas energias motivacionais.

Assim, em termos individuais, é necessária a incorporação de práticas e sistemas que avaliem a performance da pessoa após o período de integração, normalmente de três meses. O objetivo é buscar aplicar adequadamente as suas competências, alocando a pessoa para atividades que aproveitem melhor suas motivações e seu talento.

No âmbito da organização, é preciso criar um padrão corporativo de reestruturação organizacional e conseqüente desenho de cargos, preferencialmente com clara conexão com o elemento "direcionar competências".

8.7 Compensar competências

O elemento "compensar competências" é plenamente satisfeito na Embraer. O mesmo também é considerado referência, existindo sistema de remuneração por competências, remuneração variável para alguns grupos de cargos especiais, além de um agressivo plano de participação nos resultados. Este elemento é implantado com uma forte visão sistêmica, tanto em termos práticos como teóricos[3] e de acordo com a moderna abordagem do conceito de competência. Esta implantação contribui para criar uma base consistente para ampliação da visão sistêmica para outras áreas de Recursos Humanos conforme proposto no modelo.

8.8 Desenvolver competências

O elemento "desenvolver competências" também é amplamente aplicado na Embraer. Pelas suas peculiaridades, é considerado referência, possuindo visão conceitual sistêmica de si, com o sistema de remuneração e com as necessidades de desenvolvimento organizacional. O elemento trabalha com a moderna abordagem do conceito de competência, a qual é destacada no *Manual do Líder Embraer*, documento-guia da empresa.

A área de educação, treinamento e desenvolvimento é muito bem estruturada, sendo igualmente referência em termos de práticas e de sistemas. Desta forma, este elemento também é uma importante base para estender a visão sistêmica para os demais elementos e entre eles. Adota a abordagem do conceito de competências e de forma integrada, conforme proposto no modelo de Gestão Humana para Empresas Intensivas em Capital Intelectual.

A oportunidade de melhoria observada fica apenas para uma atuação mais forte no indivíduo. Atualmente, o foco tem sido prioritariamente nos grupos, mas práticas e sistemas que utilizem uma maior participação do indivíduo no seu desenvolvimento podem ser adotados. Uma possibilidade é a elaboração de planos individuais de desenvolvimento – PDI, os quais teriam o indivíduo como um ator ativo e líder de seu processo de desenvolvimento e treinamento.

---

[3] Através do uso das idéias do consultor Enio Resende (2000).

8.9 Gerenciar competências

O elemento "gerenciar competências" está implantado na empresa, e é realizado formalmente através de avaliações de indicadores de qualificação de competências e habilidades – IQCH. Seu foco é a avaliação do quanto cada pessoa evoluiu em termos de desenvolvimento de habilidades face ao plano de remuneração para seu cargo. Além da avaliação de IQCH, ocorre semestralmente a avaliação do alcance das metas individuais e/ou do departamento, para fins de participação nos lucros e nos resultados.

A elaboração semestral de planos de ação e metas setoriais, além da posterior avaliação de quais metas foram alcançadas, subsidiando o programa de participação nos lucros e nos resultados, permite classificá-la como uma prática eficaz e objetiva em termos de gerenciamento de competências. Todavia, esta prática pode ser aprimorada, como é consenso na própria empresa. Atualmente, mais de 99% dos funcionários recebem participação nos lucros, mesmo que suas metas não tenham sido alcançadas, ou seja, o sistema pode ser aprimorado.

Tendo em vista que o foco atual deste elemento na Embraer é direcionado para o gerenciamento do plano de remuneração, sendo considerado um dos poucos elementos da Gestão de Recursos Humanos existentes na Embraer com clara visão sistêmica, assim como o elemento "desenvolver competências", a oportunidade de melhoria para o mesmo é efetivamente utilizá-lo como um integrador dos demais elementos, conforme apresentado na descrição do modelo de Gestão Humana para Empresas Intensivas em Capital Intelectual.

Assim, emergem as seguintes oportunidades de melhoria do elemento:

- incluir no processo de avaliação uma discussão clara sobre os objetivos de carreira do indivíduo, integrando-os ao elemento "comprometer competências";
- incluir ou derivar no processo de avaliação a elaboração de planos individuais de desenvolvimento, integrando-os ao elemento "desenvolver competências";
- incluir a oportunidade de o indivíduo registrar, cadastrar ou evidenciar novas competências adquiridas no período, integrando-as ao elemento "monitorar competências";
- permitir a expressão de áreas de interesse em que o indivíduo acredita poder aproveitar melhor as suas competências, motivações e talento, integrando-as ao elemento "aplicar competências".

Ou seja, o elemento pode ser utilizado para outros objetivos que não só remuneração, tendo papel integrador entre todos os demais elementos.

8.10 Monitorar competências

O elemento "monitorar competências" é presente, mas não de forma integrada conforme proposto no modelo de Gestão Humana. Existem diversos sistemas de informação em recursos humanos, mas apenas os relacionados ao sistema de remuneração trabalham com o conceito de competências. Existe, ainda, um projeto em implantação do software *People Soft*, com o objetivo de criar um sistema de banco de dados de informações integradas de recursos humanos.

A adoção do modelo proposto neste livro e principalmente do conceito de competência contribui no sentido de orientar a parametrização, dar organização ao banco de dados, bem como as relações de troca de informações entre os principais elementos, sistemas e práticas.

A vantagem de utilizar o modelo aqui proposto como referencial de modelagem do banco de dados e partes do software permite, por exemplo, que sejam adotadas iniciativas como criar um *login* de carreira para cada indivíduo. Isso possibilita que cada um possa acompanhar não só treinamentos que estão sendo oferecidos, mas também consultar documentos de seu interesse: avaliação, plano de remuneração, plano de benefícios, competências a desenvolver, dentre outros; tudo integrado em uma linguagem única.

8.11 Comprometer competências

O elemento "comprometer competências" está ausente. Por ser uma proposição inédita deste livro, nele surge oportunidade de implantá-lo plenamente com todas as práticas e sistemas propostos no capítulo de descrição do modelo de Gestão Humana (Capítulo 2 – O Modelo de Gestão Humana).

Algumas práticas simples merecem destaque, tais como: a inserção do comprometimento no processo de avaliação de indicadores de cargos, competências e habilidades, além da maior interação entre o indivíduo e a área de recursos humanos através do uso de tecnologia da informação.

A possibilidade é a de buscar adotar uma visão corporativa no processo de análise da pesquisa de clima, desenvolvendo, desta forma, projetos corporativos para integrar objetivos do indivíduo e da organização. Essa visão decorre do fato de que, atualmente, o foco da pesquisa de clima está voltado mais a projetos locais, em nível de área ou departamento, do que para a empresa ou corporação como um todo.

Por fim, adotar o sistema de combinação de interesses (Figura 6.5), o qual pode ser uma espinha dorsal para implantação do elemento.

8.12 Liderar competências

O elemento "liderar competências" pode ser considerado exemplar na empresa, se comparado à média de mercado; mas, se comparado ao modelo, existem bastante oportunidades de melhoria. Na organização, existe uma clara preocupação quanto ao papel do líder, além de programas de identificação e formação de lideranças. Um destaque é a realização da avaliação 360° para analisar o quanto cada líder se aproxima do perfil desejado de liderança. Existe igualmente um retorno para os avaliados de quais pontos devem ser aprimorados, estando dessa forma integrado ao elemento desenvolver competências. Outros destaques são os programas que procuram identificar potenciais sucessores, como o TOP 25.

Uma oportunidade de melhoria no elemento é a de que embora a Embraer adote conceitualmente o sistema de desenvolvimento de lideranças (conforme proposto na Figura 4.7), ele ainda não é implantado sistematicamente na empresa. Esforços devem ser intensificados no sentido de implantar efetivamente esse sistema, e que ele seja executado periodicamente. Até o momento dessa análise, apenas foi definido o perfil do líder Embraer, sendo realizadas as avaliações 360°, além de planos de desenvolvimento de grupos em poucas áreas.

Conforme o sistema proposto no modelo de Gestão Humana para Empresas Intensivas em Capital Intelectual, a avaliação deve ser realizada periodicamente. Planos individuais também devem ser elaborados e executados, além de planos de grupos, os quais devem se estender a toda a empresa. É recomendado, ainda, que o perfil da liderança deve ser definido como um desdobramento da cultura empresarial, a qual ainda não foi explicitada.

Outra oportunidade de melhoria desse elemento decorre da constatação de que o princípio de que as lideranças são os efetivos gestores de pessoas não é amplamente adotado em toda a empresa. Ainda existe a figura dos chefes intocáveis, e isto deve ser mudado gradativamente.

A existência de um modelo de gestão humana para empresas intensivas em capital intelectual, integrado e que expresse claramente o papel do chefe como líder, executando ou contribuindo para execução dos sistemas e das práticas de cada um dos elementos do modelo proposto, pode contribuir para um avanço de tais práticas. Isso decorre do fato de que tanto a área de recursos humanos quanto os gestores e indivíduos utilizarão uma linguagem comum e integrada. Nesse mesmo sentido, cabe a divulgação da ferramenta MASE.

É necessário também explicitar junto à alta administração o fortalecimento da predisposição de acabar com os chefes intocáveis. Isso ocorre através do desenvolvimento de sucessores e uma supervisão mais formal da área de recursos humanos para detectar a presença desta anomalia. O resultado é um monitoramento de forma integrada das informações a respeito das posturas das lideranças, obtidas através das pesquisas de clima, avaliação 360° e entrevistas de desligamento.

A mensagem de que o chefe é o verdadeiro gestor de pessoas é difundida apenas em treinamentos que tratam de liderança, ficando a cargo de cada chefia adotar essa filosofia caso simpatize com a mesma, e isto se de fato chegou a participar de algum treinamento. Assim, tem sido um exemplar avanço formatar essa filosofia em algo sistemático, como o manual do líder, em que se explicita qual é a postura esperada do líder e qual a sua agenda mínima em termos de gerenciamento de pessoas no processo de executar determinadas práticas e sistemas de recursos humanos. Mas esta questão pode ser aprimorada, criando-se indicadores de liderança, com base em quanto dos sistemas e práticas de recursos humanos é utilizado pelas lideranças e qual o nível de avaliação destas por seus liderados. Também há a integração ao sistema de remuneração, o que pode ser o complemento que faltava para integrar as práticas e os sistemas deste elemento.

Conforme proposto no modelo Gestão Humana para Empresas Intensivas em Capital Intelectual, os líderes devem ser o centro irradiador e integrador da gestão do capital humano. Nesse sentido, é recomendado um forte treinamento de gestão de pessoas, baseado no modelo, além dos sistemas e das práticas da Embraer. Isso é necessário para que se adote uma linguagem comum e sejam expressos claramente quais os papéis esperados dos líderes neste processo.

Outra oportunidade de melhoria possível é a definição da cultura Embraer. Deveria ser inserido na avaliação dos líderes o quanto estes são espelhos e propagadores da cultura empresarial. Tomemos como exemplo o que fazem empresas como *General Electric* e *Rhodia*: nestas, os líderes são avaliados tanto por resultados quanto por serem referenciais de uma cultura empresarial que sempre emprega princípios de gestão de pessoas. Conforme proposto no modelo de Gestão Humana para Empresas Intensivas em Capital Intelectual, assim como existe governança pública e corporativa, é preciso existir governança da liderança, expressa como o controle, a avaliação e a transparência do exercício de seu poder.

8.13 Indivíduo

Finalmente, quanto ao elemento "indivíduo" do modelo de Gestão Humana para Empresas Intensivas em Capital Intelectual, existe grande oportunidade de melhoria, uma vez que sua interação na empresa é passiva e muito dependente do estilo do seu gestor. Poucos indivíduos são atores de sua própria carreira, isso ainda é um grande tabu e as pessoas têm medo de expressar suas vontades e seus anseios. A oportunidade é ampliar a ênfase no tratamento individual através dos gestores, com apoio, supervisão e orientação da área de recursos humanos. Também é necessário gerenciar o clima e a motivação em termos individuais.

Sobretudo, é imprescindível que o indivíduo se torne ator ativo de sua carreira, que tenha minimizado suas ansiedades nesse sentido, tendo canal ativo de gerenciamento de suas próprias competências. Ele deve saber claramente o que é esperado dele hoje e quais as demandas futuras de competências a serem desenvolvidas. É necessário que seu contrato psicológico com a organização seja explicitado, sabendo claramente quais são as regras do jogo, bem como quais são os princípios adotados. Além das práticas e dos sistemas, é preciso que a pessoa saiba qual é a cultura proclamada da organização, até para que consiga identificar o que é desvio e o que é regra. Explicitar que a empresa utiliza um modelo de gestão humana para empresas intensivas em capital intelectual, como o proposto neste livro, possibilita caminhar nessa direção. Assim, como o manual do líder, pode ser elaborado o manual do talento, explicitando o que é esperado da pessoa e quais espaços existem para que esta possa liderar suas próprias competências, no sentido de sinergia com a organização, utilizando o ambiente que lhe é apresentado.

Conclui-se, assim, uma comparação do modelo vis-à-vis às práticas e aos sistemas de uma empresa intensiva em capital intelectual, explicitando o potencial do mesmo em ser referência à proposição de melhorias na gestão humana de uma organização.

8.14 Reestruturação da área de RH

A partir do direcionamento dado pelo modelo, foi proposta uma reestruturação da área de Recursos Humanos visando a uma estrutura mais adequada: a Gestão Humana em uma empresa intensiva em capital intelectual. Foi enfocado o âmbito da empresa Embraer, mas procurando igualmente apresentar orientações genéricas que sirvam para outras organizações. Com base nesse objetivo, foram estabelecidas as seguintes diretrizes para redesenho da estrutura:

- cumprir plenamente os papéis de recursos humanos propostos no modelo;
- integração com as atividades de mudança ou de desenvolvimento organizacional;
- implantar plenamente os elementos do modelo.

Para efetivar as diretrizes, foram traçadas orientações que são apresentadas na Tabela 8.2, frente aos aspectos que se relacionam.

Tabela 8.2
Orientações Quanto à Reestruturação da Área de Recursos Humanos

Aspecto	Orientação Embraer	Geral
Integração com atividades de desenvolvimento organizacional	Subordinar a diretoria de recursos humanos à mesma vice-presidência que é responsável por informática, gestão da qualidade e planejamento estratégico	Inserção na linha de subordinação da área encarregada de atividades de desenvolvimento organizacional e que se desdobrem na totalidade da organização
Integração entre os elementos de recursos humanos	Criar comitê gerencial e técnico de recursos humanos que se reúna periodicamente para tratar temas relacionados à gestão integrada de recursos humanos. Ex.: semanal ou quinzenal	Estabelecer formalmente um órgão colegiado que atue sobre a integração da gestão humana, o qual deve ter atuação contínua e sistemática
Plena realização dos papéis de recursos humanos	O papel de *parceiro estratégico* pode ser exercido de forma descentralizada através do comitê proposto acima. E complementado pela área de *staff* estratégico de recursos humanos (proposta) para conduzir os sistemas e as práticas do elemento "comprometer competências". O papel de *agente de mudança* pode ser fortalecido pela equipe de programas de ação, que deve atuar no atendimento às áreas com projetos de recursos humanos, arquitetura e processos através do programa de ação e de forma integrada	O papel de *parceiro estratégico* será feito pela atuação nos diferentes setores do órgão colegiado, contando com a participação dos responsáveis formais pela assessoria estratégica de RH da organização O papel de *agente de mudança* deve ser exercido de forma integrada com as áreas relacionadas a desenvolvimento organizacional, sempre que aplicável
Plena realização dos elementos do modelo	Definir áreas responsáveis, conforme sugerido a seguir	Mesma orientação ao lado

Tabela 8.2 *(continuação)*
Orientações Quanto à Reestruturação da Área de Recursos Humanos

Aspecto	Orientação Embraer	Geral
Monitoração de competências	Área subordinada ao diretor de recursos humanos até plena implantação de software de integração, depois pode subordinar-se à área de compensar competências na fase de operacionalização	Atribuir elemento ao setor encarregado de monitorar competências. Dotar o setor de metodologia capaz de processar informações necessárias à plena análise de competências
Aplicação de competências	Área de estruturação organizacional subordinada ao diretor de recursos humanos, atuando de forma integrada com área de compensar competências	Subordinar iniciativas de estruturação organizacional ao encarregado do setor de RH, ligando esta a iniciativas dos elementos "compensar", "direcionar", "prover" e "desenvolver competências", por exemplo
Comprometer competências	Criar *staff* de desenvolvimento de projetos estratégicos de recursos humanos. Este mesmo *staff* ocupa-se da interação e da integração com outras de desenvolvimento organizacional	Mesma observação ao lado
Direcionar competências	Um dos pilares das atividades de desenvolvimento organizacional corporativo. Seria realizado pelas áreas de: planejamento estratégico, gestão da qualidade ou recursos humanos. Preferencialmente pela área de desenvolvimento organizacional com participação ativa do *staff* estratégico de recursos humanos e planejamento estratégico. Outro motivo decorre do fato de se tratar do modelo de negócio e estratégias, bases fundamentais para definição de quais competências são prioritárias	Deve haver uma ligação entre responsáveis pela definição do modelo de negócios e estratégias da organização e os encarregados do direcionamento estratégico de Recursos Humanos da organização. O direcionamento de competências seria fruto dessa sinergia
Gerenciamento de desempenho de competências	Manter subordinada área de compensar competências	Mesma observação ao lado

Na estrutura organizacional de recursos humanos da Embraer em 2001 existiam claramente áreas responsáveis pelos elementos prover (recrutamento e seleção), compensar (carreira e remuneração) e desenvolver competências (programas de desenvolvimento de GDH e Programa de Especialização em Engenharia), razão pela qual não foram orientadas mudanças significativas em termos estruturais nestes elementos (Tabela 8.2).

A tabela de orientações foi resultado da pesquisa realizada na Embraer. Apesar de estar relacionada a um caso particular, devido às características da empresa, acabou representando a possibilidade de fornecer diretrizes e orientações para outras empresas.

8.15 Avaliando o modelo

O desenvolvimento da Gestão Humana para organizações intensivas em capital intelectual representa um campo de estudos recente, o qual requer o cuidado de uma constante avaliação de suas proposições.

A multiplicidade de propostas de Gestão Humana que surgem leva à necessidade do uso de formas sistematizadas de avaliá-las. Dentro dessa perspectiva, foi realizada uma análise crítica do modelo proposto neste livro. Essa análise procurou não só avaliar o modelo, mas também apresentar uma metodologia para realizar essa avaliação que possibilitasse seu uso como parte da metodologia de implantação, visando a construir e a obter consenso sobre as sugestões de melhoria que são prioritárias.

8.15.1 Sistemática de avaliação

A adequação de uma prática de Gestão Humana está diretamente ligada ao fato de ser uma resposta pertinente às necessidades do contexto ao qual se destina. A partir dessa premissa, existe a necessidade de se estipular critérios para uma análise sistemática de proposições nessa área. A avaliação realizada neste item foi construída em torno da atuação de um grupo de especialistas e gestores de recursos humanos da Embraer S.A. Foi utilizada da técnica do *focus group*[4] para instrumentalizar as contribuições desses especialistas e efetivar a avaliação.

Na realização do *focus group*, foram efetuadas as seguintes atividades:

- apresentação detalhada do modelo e seus componentes;
- apresentação das sugestões para ampliar a eficácia da gestão humana na Embraer (Tabela 8.2);
- realização da avaliação dos especialistas e gestores sobre a eficácia do modelo como referencial para recomendação de melhorias no sistema de gestão da Embraer (resultados apresentados nas Tabelas 8.3 e 8.4).

---

[4] Trata-se (segundo Morgan citado por Freitas e Stumpf, 1997) de uma forma de entrevista de grupos, sem o sentido de alternância entre perguntas do pesquisador e as respostas dos participantes, onde se enfatiza a interação dentro do grupo, o qual, baseado em tópicos definidos pelo pesquisador, no papel de moderador, fornece dados para serem transcritos.

A operacionalização do *focus group* ocorreu em cinco sessões, com quatro a sete participantes cada, as quais tinham a duração média de três horas. Ao final de cada sessão, as opiniões dos participantes foram registradas em questionário de avaliação.

8.15.2 Avaliação do modelo pela Embraer

Após a apresentação do modelo e sugestões para melhoria dos sistemas de gestão humana da Embraer, como atividade de conclusão de cada um dos cinco *focus group*, foi aplicado um questionário de avaliação do modelo com perguntas fechadas em uma escala de 1 a 10, bem como realizadas perguntas abertas no mesmo instrumento. Ao todo, foram 19 participantes, e os grupos foram determinados de modo a compor um conjunto representativo de formadores de opinião das áreas de recursos humanos, desenvolvimento organizacional e planejamento estratégico. Foram convidados os profissionais de maior expressão técnica ou de liderança dessas áreas.

A Tabela 8.3 apresenta os aspectos avaliados nos questionários com os graus de intensidade atribuídos em uma escala que vai de 1 (grau mínimo) a 10 (grau máximo).

Uma análise da Tabela 8.3 revela que o modelo foi muito bem avaliado, alcançando uma média geral de 8,39. Seguindo a escala-padrão adotada no questionário, esta média significa que o modelo alcançou alto grau (entre 7 e

Tabela 8.3
Aspectos Avaliados no Modelo e sua Intensidade

Aspecto avaliado no Modelo	Grau
Grau de consistência conceitual	8,89
Grau de integração entre elementos, sistemas e práticas de recursos humanos	8,53
Grau de modernidade e atualização tecnológica em termos de tecnologias de gestão humana	8,42
Grau de inovação em termos de técnicas de gestão e abordagem de gestão do capital humano	7,79
Grau de utilidade como referencial para proposição de políticas, ações e projetos de melhoria em gestão humana	8,58
Grau de coerência das propostas de melhoria apresentadas a partir do modelo	8,42
Grau de visão sistêmica entre Planejamento Estratégico, Gestão Humana e Desenvolvimento Organizacional	9,39
Grau de instrumentalidade (facilidade de operacionalização, clareza e simplicidade conceitual)	7,47
Grau de coerência em termos de metodologia de implantação	8,00
Média Geral	**8,39**

8) na consecução dos seus objetivos na opinião dos participantes dos *focus group*, estando próximo de muito alto (entre nove e dez).

Os quatro critérios de melhor avaliação foram o grau de visão sistêmica do modelo e sua integração entre planejamento estratégico, gestão humana e desenvolvimento organizacional – 9,39; a consistência conceitual – 8,89; o

Tabela 8.4
Características Positivas e Oportunidades de Melhoria[5]

Questionamento	Comentários dos participantes da avaliação: frases originais
Características positivas do Modelo	"- estruturação clara e abrangente da gestão do capital humano; - ser referência para uma reflexão sobre modelos de gestão em RH; - possibilidade de integração da área de RH; - visão sistêmica, integradora e de inter-relação entre as áreas de RH ; - aplicação de competências; - o elemento "liderar competências" apresenta o sistema de desenvolvimento de lideranças e a proposta de capacitar e desenvolver o gestor como líder; - apresenta RH como parceiro estratégico; - apresenta e possibilita a integração entre planejamento estratégico, desenvolvimento organizacional e a gestão de recursos humanos; - a praticidade do modelo, o prestígio dos trabalhos de outros autores e experiências organizacionais que foram aproveitadas e ampliadas; - é estruturado com base e foco na liderança; apresenta coerência entre RH, planejamento estratégico e a prática de programas de ação. Usa do conceito do PDCA; - é de fácil aplicabilidade em ambientes empresariais e apresenta boa integração com as áreas e subsistemas de RH; - clareza da visão sistêmica e de integração entre as atividades para o alcance da maturidade empresarial e dos resultados a serem alcançados; - integração entre as necessidades de desenvolvimento organizacional e as necessidades de desenvolvimento de competências dos indivíduos; - total integração de todas as áreas de RH, o alinhamento das pessoas às competências essenciais da organização propostas pelo modelo; - enfoque sistêmico que abrange várias ferramentas e instrumentos de gestão humana; - orienta a ação integrada de programas e projetos que contribuam para melhoria de desempenho; - suporte conceitual às ações de gestão humana; - maior ganho do modelo está na articulação entre os elementos e não tanto nos elementos em si; - a implantação integrada do modelo permite que as ações de consolidação do capital humano sejam compartilhadas entre as lideranças e o departamento de recursos humanos."
Pontos para melhoria	"- maior descrição da metodologia de implantação; - deveria ser aprofundada a influência da cultura organizacional; - deveria ser exposto no modelo como vendê-lo para a alta administração e gestores da necessidade de sua aplicação; - o modelo poderia ser simplificado mantendo a profundidade dos conceitos."

---

[5] Os questionários aplicados foram numerados e encontram-se documentados. As declarações foram mantidas como nos questionários originais.

grau de utilidade como referencial para sugestão de melhorias da gestão humana da empresa – 8,58; e o grau de integração entre os elementos, sistemas e práticas de recursos humanos – 8,53. Esses itens são seguidos pelo grau de modernidade e o grau de consistência das propostas de melhorias apresentadas a partir do modelo, com 8,42.

Nos questionários, também foram observados aspectos positivos do modelo e oportunidades de melhoria, descritos na Tabela 8.4.

As notas e as observações atribuídas ao modelo apresentam uma excelente avaliação por parte da empresa. Isso demonstra de forma clara a sua utilidade como referência para um avanço na gestão humana, mesmo em uma organização que já se preocupava em se manter atualizada em termos de práticas de gestão nesta área.

A avaliação dada também é significativa principalmente se considerarmos que ela foi realizada pelos principais especialistas e gestores da área; a empresa procura estar sempre atualizada em termos de sistemas e práticas de recursos humanos. Quanto a esse aspecto, é necessário observar que, no período de abril a setembro de 2001, atuaram oito renomados consultores externos brasileiros, procurando ativamente aprimorar a implantação de sistemas e práticas de recursos humanos. Também em 1999, a Embraer fez parte da lista das melhores empresas para se trabalhar no Brasil[6].

Ou seja, no contexto de gestão humana moderna da Embraer, o modelo foi capaz de gerar oportunidades de melhorias significativas e entendidas como válidas pelos próprios profissionais da área, validando, assim, a utilidade do modelo como referencial de uma moderna gestão.

Assim, os aspectos relacionados permitem afirmar a importância da Embraer como contexto para análise do modelo. Essa importância deriva da junção de um ambiente de atuação, próprio da economia do conhecimento, e da importância e atitude ativa que existe por parte da empresa com relação à Gestão Humana. Tais particularidades elevam o potencial de aplicação das proposições do modelo apresentado neste livro, além de estabelecerem um fórum gabaritado e interessado no exame e na crítica das proposições apresentadas.

8.16 Resumo

O capítulo apresentou um confronto entre o Modelo de Gestão Humana proposto neste livro e o realizado na Embraer. O modelo proposto é utilizado como

---

[6] Segundo pesquisa da Revista Exame realizada anualmente para classificar as empresas neste sentido.

referência para definição de oportunidades de melhorias, com base no estágio das práticas e dos sistemas existentes na empresa no período de 2000 a 2001. A análise comparativa ocorreu nos seguintes itens: visão sistêmica, conceito de competência, papéis da área de recursos humanos, o indivíduo e todos os elementos do modelo: direcionar, prover, aplicar, compensar, desenvolver, gerenciar desempenho, monitorar, comprometer e liderar competências. Na visão sistêmica, há na empresa o entendimento da necessidade da existência de uma postura diretiva e gerencial que busque o enfoque sistêmico. Todavia, não existe uma clara visão sistêmica entre todos os elementos dos subsistemas e a sua integração num modelo mais amplo. O conceito de competência não é claro na empresa, não havendo consenso ou acordo semântico entre suas áreas. A não integração de conceitos conduz a divergência e dificuldade de integração entre os principais sistemas e práticas de recursos humanos, sendo necessária a sua efetivação. Os papéis têm como base a discussão sobre aqueles a serem assumidos pela área de Recursos Humanos, sendo a situação ideal a existência de um equilíbrio entre as quatro possibilidades de papéis e aquilo que é realizado pela área. O papel de Parceiro Estratégico, em 2001, era exercido de forma centralizada pelo diretor de recursos humanos, sendo destacado em seu documento de programa de ação o exercício desse papel. O papel de expert administrativo era exercido plenamente. O papel de empregados campeões era exercido plenamente em primeira instância pelo gestor, que é preparado para ser gestor de pessoas. O papel de agente de mudança também era exercido pelo gestor de cada área, apoiado pela área de recursos humanos avançados e seus consultores internos. O elemento "direcionar competências" é praticamente inexistente na empresa. Não existem práticas similares às que foram relatadas no modelo. O elemento "prover competências" é plenamente implantado na Embraer, que desenvolve e operacionaliza práticas e sistemas de referência. O elemento "aplicar competências" apresentou condições de ser amplamente implantado e aprimorado. O elemento "compensar competências" é plenamente satisfeito na Embraer, o mesmo também é considerado referência, existindo sistema de remuneração por competências, remuneração variável para alguns grupos de cargos especiais, além de um agressivo plano de participação nos resultados. O elemento "desenvolver competências" também é amplamente aplicado na Embraer, possuindo visão conceitual sistêmica de si, com o sistema de remuneração e com as necessidades de desenvolvimento organizacional. O elemento trabalha com a abordagem do conceito de competência. O elemento "gerenciar competências" está implantado na empresa, e é realizado formalmente através de avaliações de indicadores de qualificação competências e habilidades (IQCH). Seu foco é a avaliação do quanto cada pessoa evoluiu em termos de desenvolvimento de habilidades face ao plano de remuneração para seu cargo. O elemento "monitorar competências" está presente, mas não de for-

ma integrada conforme proposto no modelo de Gestão Humana. Existem diversos sistemas de informação em recursos humanos, mas apenas os relacionados ao sistema de remuneração trabalham com o conceito de competências. O elemento "comprometer competências" está ausente. Por ser uma proposição inédita deste livro, surge como oportunidade de implantá-lo plenamente com todas as práticas e sistemas propostos no Capítulo 3 (Operacionalizando o Modelo de Gestão Humana). No elemento "liderar competências", existem bastante oportunidades de melhoria; embora se tenha avançado positivamente no sentido do modelo, precisa consolidar-se como sistema. Quanto ao Indivíduo, existe grande oportunidade de melhoria, uma vez que sua interação na empresa é passiva e muito dependente do estilo do seu gestor; é necessário que ele saiba claramente o que é esperado dele hoje e quais as demandas futuras de competências a serem desenvolvidas. Como reestruturação da área de RH, sugeriu-se como diretriz cumprir plenamente os papéis de recursos humanos propostos no modelo, integração com as atividades de mudança/desenvolvimento organizacional e criar condições organizacionais para implantar plenamente os elementos do modelo. A avaliação do modelo envolveu a preocupação com a validade de suas proposições. Foi processada através da análise de especialistas da empresa, com base no focus group, e a avaliação geral foi excelente, dado o contexto de empresa atualizada e os comentários dos participantes. O modelo foi considerado como alto grau de utilidade como referência para uma moderna gestão humana.

Capítulo 9

CONCLUSÕES

A busca da Gestão Humana para Empresas Intensivas em Capital Intelectual representa não só um desafio, mas também uma necessidade frente a um contexto socioeconômico em mudança acelerada. A partir dessa constatação, da mesma forma que sucessivas "escolas administrativas" no passado buscaram soluções para seus contextos, tornou-se necessária a busca de formas sistematizadas de trabalhar a gestão humana para uma economia do conhecimento.

A proposta deste livro, de elaboração de um modelo de gestão humana para empresas intensivas em capital intelectual, representou a busca de uma solução sistematizada para o desafio de trabalhar com as pessoas neste contexto. A solução apresentada procurou igualmente enfocar a realidade brasileira, realizando o seu ensaio na Embraer S.A.

A análise ou o ensaio, realizado nesta organização, se configurou como uma pesquisa-ação numa empresa internacionalmente reconhecida por sua competência tecnológica e que reúne mais de três mil engenheiros em atividades de desenvolvimento de produtos. Essa análise possibilitou evidenciar como o modelo integra funcionalmente diversas práticas e tendências modernas de gestão humana, e que possui alto grau de utilidade como referencial no avanço de uma moderna gestão humana, o que caracterizou a sua validação.

Apesar de ter sido realizada em somente uma empresa, é necessário considerar que as particularidades do contexto da empresa escolhida constituem-se em um campo de prova único. Características como campo de atuação intensamente competitivo, escala de ação mundial, necessidade e uso intenso de novas tecnologias, necessidade de pessoas altamente qualificadas e atuantes, são cada vez mais prementes na economia do conhecimento, e mesmo na chamada "velha economia". Pode-se afirmar que a Embraer constitui-se num foro privilegiado de análise e experimentações com vistas a construir uma sistemática de gestão, como a proposta neste livro.

Para efetivação do modelo foram utilizadas práticas modernas e novas tendências de gestão humana. Esses elementos encontram-se dispersos na literatura e nas ações empresariais e normalmente têm uso pontual e inconstante. No modelo elaborado, tais práticas e tendências foram estruturadas em um sistema de gestão integrado. O sistema também é consistente, sinérgico entre seus elementos e de caráter funcional, orientado para a ampliação da eficácia e da eficiência organizacionais.

Na sistemática desenvolvida e apresentada, integraram-se o papel da liderança e o próprio indivíduo, elementos ativos tanto no modelo como na realidade empresarial. Essa característica é freqüentemente esquecida nas metodologias que se propõem a abordar a gestão humana de forma mais ampla e, principalmente, sistêmica.

Destacam-se ainda as inovações específicas dos elementos comprometer, aplicar e direcionar competências, quais raramente são tratados nos sistemas de gestão humana. Tais elementos proporcionam uma ligação entre o direcionamento procurado pela organização e o engajamento das pessoas nesse sentido.

Uma característica do modelo é a sua flexibilidade. Essa deriva do fato de ele possuir uma estrutura mais permanente, como os elementos, ao passo que os sistemas e as práticas que o compõem são mutáveis e flexíveis, variando de acordo com as prioridades de cada organização. Outra característica é sua possibilidade de adaptação ao contexto em que está sendo implantado, bem como a capacidade de aprendizado, também prevista no método de implantação.

As particularidades constatadas no modelo permitem considerá-lo uma importante referência para a Gestão Humana. Essa importância decorre da atualidade de suas propostas, frente a um contexto que enfrenta cada vez mais desafios pautados pelo uso intensivo do conhecimento e o aumento da importância do engajamento das pessoas na sobrevivência ou no sucesso das organizações.

O surgimento de um conjunto estruturado de teorias que possibilitem lidar com a nova realidade da economia do conhecimento ainda está em formação. Todavia, a realidade organizacional, através de ações condicionadas por suas necessidades, produz um conjunto de soluções que, se bem analisadas e sistematizadas, contribuem para suprir essa carência. Essa ligação entre teoria e prática representou uma preocupação constante do modelo desenvolvido, o qual se pauta por soluções exeqüíveis, praticadas, analisadas criticamente e validadas por profissionais experientes da área que participaram da própria análise do modelo.

Por fim, propõem-se a aplicação e o teste do modelo em outros contextos organizacionais a partir da adaptação de seus sistemas e de suas práticas. E promove-se o debate de o quanto esta contribuição avança no sentido de caracterização de uma nova fase em gestão de pessoas, cuja denominação proposta é a de Gestão Humana. A gestão de pessoas para o século XXI.

BIBLIOGRAFIA

ALDERFER, C.P. *Existence, relatedness, and growth*. New York: Free Press, 1972.

ANDERSON, Phillip et al. *Managing professional intellect: making the most of the best*. Harvard Business Review, p. 71-80, Mar-Apr, 1996.

ARENDT, Hanna. *A condição humana*. 4.ª ed. Rio de Janeiro: Forense Universitária, 1989.

_____. *A vida do espírito: o pensar, o querer, o julgar*. 3ª ed. Rio de Janeiro: Relume Dumará, 1995.

BASTOS, Antonio Virgílio Bittencourt. *Os vínculos indivíduo-organização: uma revisão sobre comprometimento organizacional*. ENANPAD (XVI, 1992: Salvador) Anais. Salvador: ENAP, v. 6, 1992.

BECKHARD, Richard. *Desenvolvimento organizacional: estratégias e modelos*. São Paulo: E. Blücher, 1972.

BERGAMINI, Cecília Whitaker. *Motivação nas organizações*. 4.ª ed. São Paulo: Atlas, 1997.

_____. *Avaliação de desempenho humano na empresa*. 3.ª ed. São Paulo: Ed. Atlas, s.d.

BÍSCARO, Antonio Waldir. In: *Manual de treinamento e desenvolvimento ABTD*. São Paulo: Makron Books, p. 209-237, 1994.

BLAKE, Robert R. e MOUTON, Jane. *The managerial grid*. Houston: Gulf, 1964.

BÖHMERWALD, Pedro. *Gerenciando o sistema de avaliação do desempenho*. Belo Horizonte: UFMG, Escola de Engenharia, Fundação Christiano Ottoni, 1996.

BOUDON, Raymond e Bourricaud. *Dicionário crítico de sociologia*. São Paulo: Ed. Ática, 1993.

BOWDITCH, James L. *Elementos de comportamento organizacional*. São Paulo: Pioneira, 1992.

BOYETT, Joseph H. *O guia dos gurus: os melhores conceitos e práticas de negócios*. Rio de Janeiro: Campus, 1999.

BRANCO, Gilberto Diogo Lima Castelo. *Dicionário de economia e gestão*. Porto/Portugal: Livraria Chardron, 1984.

BUENO, José Hamilton. *Manual do selecionador de pessoal: do planejamento à ação*. 2.ª ed. São Paulo: LTr, 1995.

CAMPBEL, J.P. et al. *Managerial behavior, performance, and effectiveness*. New York: McGraw-Hill, 1970.

CAMPOS, Edmundo. *Sociologia da burocracia*. 4.ª ed. Rio de Janeiro: Zahar Ed. 1978.

CAMPOS, Vicente Falconi. *O valor dos recursos humanos na era do conhecimento*. Belo Horizonte, MG: Fundação Christiano Ottoni, Escola de Engenharia da UFMG, 1995.

CARVALHO, Antônio Vieira de. *Recursos humanos: desafios e estratégias*. São Paulo: Pioneira, 1989.

_____. *Administração de recursos humanos*. São Paulo: Pioneira, v. 1, 1993,

CARVALHO, Luiz Carlos Ferreira de. In: *Manual de treinamento e desenvolvimento ABTD*. São Paulo: Makron Books, p. 65-84, 1994.

CHIAVENATO, Idalberto. *Como transformar RH (de um centro de despesa) em um centro de lucro*. São Paulo: Makron Books, 1996.

_____. *Recursos humanos*. 4.ª ed. São Paulo: Atlas, 1997.

_____. *Teoria geral da administração: abordagens descritivas e explicativas*. 3.ª ed. São Paulo: McGraw-Hill, v. 2, 1987.

CRITÉRIOS de excelência: o estado da arte da gestão para a excelência do desempenho. São Paulo: Fundação para o Prêmio Nacional da Qualidade, 1998.

DAVENPORT, Thomas H. *Conhecimento empresarial: como as organizações gerenciam o seu capital intelectual*. Rio de Janeiro: Campus, 1998.

DEMING, W. Edwards. *Qualidade: a revolução da administração*. Rio de Janeiro: Marques-Saraiva, 1990.

DRUCKER, Peter Ferdinand. *Fator humano e desempenho: o melhor de Peter F. Drucker sobre administração*. São Paulo: Pioneira, 1981.

_____. *A sociedade pós-capitalista*. São Paulo: Pioneira, 1993.

EDVINSSON, Leif. *Capital intelectual*. São Paulo: Makron Books, 1998.

EDWARDS, Mark. *360° feedback: the powerful new model employee assessment & performance improvement*: New York: AMACOM, 1996.

ENRIQUEZ, Eugène. *A organização em análise*. Petrópolis: Vozes, 1997.

ETZIONII, Amitai. *Análise comparativa de organizações complexas: sobre o poder, o engajamento e seus correlatos*. Rio de Janeiro: Ed. da Universidade de São Paulo, 1974.

FERREIRA, Ademir Antônio et al. *Gestão empresarial: de Taylor aos nossos dias: evolução e tendências da moderna administração de empresas*. São Paulo: Pioneira, 2001.

FLANNERY, Thomaz P. *Pessoas, desempenho e salários: as mudanças na forma de remuneração nas empresas*. São Paulo: Futura, 1997.

FREITAS, Henrique M. R., STUMPF, Mariza Klück. A gestão da informação em um hospital universitário: o processo de definição do Patient Core Record. *RAC*, v. 1, p. 71-99, jan./abr. 1997.

FREITAS, Maria Ester de. *Cultura organizacional: formação, tipologias e impactos*. São Paulo: McGraw-Hill, 1991.

GARRIDO, Laercio M. *Participação nos lucros/resultados: manuais de instrução*. São Paulo: Nobel, 1999.

GIL, Antônio Carlos. *Administração de recursos humanos: um enfoque profissional*. São Paulo: Atlas, 1994.

Guia Exame 1998 – As melhores empresas para você trabalhar. *Revista Exame*, São Paulo. n. 669.

Guia Exame 1999 – As melhores empresas para você trabalhar. *Revista Exame*, São Paulo, n. 695.

Guia Exame 2000 – As 100 melhores empresas para você trabalhar. *Revista Exame*, São Paulo, n. 721.

Guia Exame 2001 – As 100 melhores empresas para você trabalhar. *Revista Exame*, São Paulo, n. 749.

HALL, Richard H. *Organizações: estrutura e processos*. 3.ª ed. Rio de Janeiro: Prentice-Hall do Brasil, 1984.

HANNA, David P. *Designing organizations for high performance*. New York: Addison Wesley, p. 195, 1988.

HERSEY, Paul. *Psicologia para administradores de empresa: a utilização de recursos humanos*. São Paulo: EPU, 1976.

HERZBERG, Frederick. *The motivation to work*. 2.ª ed. New York: John Wiley, 1959.

HOUSE, R. J. A path-goal theory of leadership effectiveness, *Administrative Science Quarterly*, n. 3, p. 321-338, 1971.

KATZ, Daniel. *Psicologia das organizações*. 3.ª ed. São Paulo: Atlas, 1987.

LEITE, José Eduardo Teixeira. In: *Recursos humanos e subjetividade*. Petrópolis/RJ: Vozes, p. 80-117, 1995.

LIEDTKA, Jeanne M. et al. *The generative cycle: linking knowledge and relationships*. Sloan Management Review. Cambridge, Sloan School MIT, v. 39, n. 1, p. 47-58, Fall, 1997.

LINKERT, Rensis. *A organização humana*. São Paulo: Atlas, 1975.

LOBOS, Júlio A. *Administração de recursos humanos*. São Paulo: Atlas, 1979.

LOCKE, E. *Toward a theory of task motivation and incentives*. Organizational behavior and human performance. v. 3, p. 157-189, 1968.

MACIAN, Lêda Massari. *Treinamento e desenvolvimento de recursos humanos*. São Paulo: EPU, 1987.

MANUAL DO LÍDER. São José dos Campos: Embraer, 2001.

MASLOW, Abraham H. *Motivation and personality*. New York: Harper e Row, 1954.

McCLELLAND, David Clarence. *La sociedad ambiciosa: factores psicológicos en el desarrollo economico*. Madrid: Guadarrama, 1968.

MEGGINSON, Leon C. et al. *Administração: conceitos e aplicações*. 4.ª ed. São Paulo: Harbra, 1998.

MICHAELIS – Moderno Dicionário da Língua Portuguesa. São Paulo: Cia. Melhoramentos de São Paulo – Grande Dicionário Brasileiro Melhoramentos, s.d.

MILLER, Doug. *A organização do futuro*. In: A organização do futuro: como preparar hoje as empresas de amanhã. São Paulo: Futura, p.136-142, 1997.

MINTZBERG, Henry. *O processo da estratégia*. 3.ª ed. Porto Alegre: Bookman, 2001.

MOHRMAN, Sussan Albers. *Self-designing organizations: learning how to create high performance*. Boston: Addison-Wesley, 1989.

MORGAM, Gareth. *Imagens da organização*. São Paulo: Atlas, 1996.

MOTTA, Fernando C. Prestes. *Teoria geral da administração: uma introdução*. 10.ª ed. São Paulo: Livraria Pioneira Ed., 1982.

MOURA, Paulo Cavalcanti da Costa. *Desenvolvimento de organizações*. Rio de Janeiro: Petrobras, 1969.

NONAKA, Ikujiro. *Criação de conhecimento na empresa*. Rio de Janeiro: Campus, 1997.

NOVA ENCICLOPÉDIA ILUSTRADA FOLHA. São Paulo: Publifolha Divisão de Publicações da Empresa da Folha da Manhã S.A., s.d.

NURMI, Raimo. *Knowledge-intensive firms*. Business Horizons. Greenwich/ Connecticut: Indiana University School, v. 41, n. 3, p. 26-32, may-jun, 1998.

OLIVEIRA, Marco Antônio. *Pesquisa de clima interno na empresa: o caso do desconfiômetro avariado*. São Paulo: Nobel, 1995.

PONTES, B. R. *Administração de cargos e salários*. 2.ª ed. rev. e ampl. São Paulo: LTr, 1988.

_____. *Avaliação de desempenho: uma abordagem sistêmica*. 4.ª ed. São Paulo: Ed. LTr, 1989.

_____. *Planejamento, recrutamento e seleção de pessoal*. 2.ª ed. São Paulo: LTr, 1996.

QUINN, James Brian et al. *Novas formas de organização*. In: MINTZBERG, Henry. *O processo da estratégia*. 3.ª ed. Porto Alegre: Bookman, p. 157-167, 2001.

RAMOS, Alberto Guerreiro. *Administração e contexto brasileiro: esboço de uma teoria geral da administração*. 2.ª ed. Rio de Janeiro: Ed. Fundação Getúlio Vargas, 1983.

_____. *A nova ciência das organizações*. 2.ª ed. Rio de Janeiro: Ed. da Fundação Getúlio Vargas, 1989.

RELATÓRIO ANUAL 2001. São José dos Campos: Embraer, 2001.

RESENDE, Enio. *O livro das competências: desenvolvimento das competências: a melhor auto-ajuda para pessoas, organizações e sociedade*. Rio de Janeiro: Qualitymark Editora, 2000.

SCHEIN, E. *Organizational culture and leadership*. São Francisco: Jossey-Bass, 1985.

SEIFFERT, Peter Quadros. *Modelo de reestruturação organizacional por processos*. Florianópolis: UFSC/PPGEP, 1998 (dissertação de mestrado).

_____. *Modelo de gestão do capital intelectual humano*. Florianópolis: UFSC/PPGEP, 2002 (Tese de Doutorado).

_____. *O ciclo MASE de liderança*. s.d. (no prelo).

SKINNER, Burrhus Frederic. *A ciência e o comportamento humano*. 2ª ed. Brasília: Universidade de Brasília; FUNBEC, 1970.

SOUSA, Edela Lanzer Pereira de. *Clima e cultura organizacionais: como se manifestam e como se manejam*. São Paulo: Edgard Blücher; (Porto Alegre): Programa de Pós-graduação em Administração, PPGA-UFRGS, 1978.

STAW B. M., SALANCIK G. R. *New directions in organizational behavior*. Chicago: St. Clair, 1977.

STEWART, Thomas A. *Capital intelectual*. Rio de Janeiro: Campus, 1998.

STOFFEL, Inácio. *Administração do desempenho: metodologia gerencial de excelência*. Florianópolis: Perspectiva, 1997.

STONER, James A. F., FREEMAN, Edward F. *Administração*. Rio de Janeiro: Prentice-Hall do Brasil, 1985.

SVEIBY, Karl Erik. *A nova riqueza das organizações*. Rio de Janeiro: Campus, 1998.

TEIXEIRA FILHO, Jayme. *Conhecimento, tecnologia e organização: evolução, conflitos e perspectivas*. Boletim Técnico do SENAC. Rio de Janeiro, v. 24, n. 2, maio/ago., 1998.

TEIXEIRA, Marcelo Gouvêa. *Comprometimento organizacional: uma análise dos fatores individuais numa empresa de prestação de serviços*. ENANPAD (XVIII: 1994: Curitiba) Anais. Curitiba/PR: Ed. Diretoria ANPAD, 1994, v. 10, Terra, 1979.

TOLEDO, Flávio de. *Administração de pessoal: desenvolvimento de recursos humanos*. 7ª ed. São Paulo: Atlas, 1989.

ULRICH, Dave. *Human resources champions*. Harvard Business School Press, 1997.

WEBER, Max. *Economia e sociedade: fundamentos da sociologia compreensiva*. Brasília, DF: Ed. Universidade de Brasília, 1991.

_____. *Os fundamentos da organização burocrática: uma construção do tipo ideal* in CAMPOS, Edmundo. *Sociologia da burocracia*. 4.ª ed. Rio de Janeiro: Zahar Ed., p.15-28, 1978.

WERTHER, William B. *Administração de pessoal e recursos humanos*. São Paulo: McGraw-Hill do Brasil, 1983.

WOOD Jr., Thomaz. In: *Remuneração por habilidades e por competências: preparando a organização para a era das empresas de conhecimento intensivo*. 2.ª ed. São Paulo: Atlas, p. 80-88, 1999.

XAVIER, Paulo Roberto. *Remuneração variável*. São Paulo: Makron Books, 1999.

Entre em sintonia com o mundo

QualityPhone:

0800-263311

Ligação gratuita

Qualitymark Editora
Rua Teixeira Júnior, 441 – São Cristóvão
20921-400 – Rio de Janeiro – RJ
Tel.: (21) 3860-8422
Fax: (21) 3860-8424

www.qualitymark.com.br
e-mail: qualitymark.com.br

Dados Técnicos:

• Formato:	16 x 23 cm
• Mancha:	12 x 19 cm
• Fontes Títulos:	Flux
• Fontes Texto:	Hum 521 BT
• Corpo:	11,0
• Entrelinha:	13,5
• Total de Páginas	168